安徽省基础教育优秀教学成果培育项目（编号 CG39）
合肥市 2024 年普通高中阅读特色项目

王国文 著

因 为 阅 读

普通高中
阅读育人体系的
建构与实施

时代出版传媒股份有限公司
安徽教育出版社

图书在版编目（CIP）数据

因为阅读：普通高中阅读育人体系的建构与实施／王国文著. —合肥：安徽教育出版社，2024.9.
ISBN 978-7-5748-0293-3

Ⅰ.G633.332
中国国家版本馆CIP数据核字第2024J1D916号

因为阅读：普通高中阅读育人体系的建构与实施
YINWEI YUEDU：PUTONG GAOZHONG YUEDU YUREN TIXI DE JIANGOU YU SHISHI

责任编辑：赵佩娟　文　乾
装帧设计：朱嫣然
责任印制：陈善军

出版发行：安徽教育出版社
地　　址：合肥市经开区繁华大道西路398号　邮编：230601
网　　址：http://www.ahep.com.cn
营销电话：(0551)63683012,63683013
排　　版：安徽时代华印出版服务有限责任公司
印　　刷：安徽新华印刷股份有限公司

开　本：880毫米×1230毫米　1/32
印　张：9.5
字　数：300千字
版　次：2024年9月第1版
印　次：2024年9月第1次印刷
定　价：68.00元

（如发现印装质量问题，影响阅读，请与本社营销部联系调换）

序 言

阅读,是做事不是做题

"阅读,是做事不是做题"意在突出阅读的实践性,强调整本书阅读是一种实践性很强的学习方式,引导学生由被动做题应试、消极碎片式地接受,转变为主动学习、积极思考、系统建构;也表达了阅读教育、阅读推广是做事,是众人一起做事。

我推广阅读是与世纪初的基础教育课程改革同步的,不知不觉已经走过了 23 个年头。这期间,有人惊讶,有人赞叹,我都不以为意,认为这不过是礼貌性的回应。后来发现有些人真的心怀疑惑:一个毫无行政权力的普通语文老师,让阅读走进课堂,带领语文老师、组织多学科老师推广阅读,并且坚持了 20 多年,还因此形成了合肥市第十中学"阅读兴校"的办学方针,确实有让人难以看懂的地方。其实,这 20 多年来我没有刻意想着要把阅读推广到什么程度,要坚持多久,就这么一直往前走,坚持往前走。

这 20 多年里,我们学校换了四届领导班子,从阮厚广、魏兆丰,到许苏美、吴菊文,到胡焰根、王锋,再到孙强、姜际龙,这些校领导无一例外都不遗余力地支持阅读,乃至直接参与。一路走来,我推广阅读从来没有遇到被领导漠视的尴尬。

2001年,因为学生喜欢,我们每周抽一节语文课,让学生走出课堂,走进阅览室,自主阅读心仪的图书和杂志,在学校开创了"语文课进阅览室",让语文学习融入动态的、内驱的、发展的、个性化的阅读实践过程中。随即"语文课进阅览室"上了学校的课程表,也成了全体语文教师长期的坚守,于是就有了23年里上了2.9万节阅读课、在3.8万名学生心里播下了爱读书种子的全国"书香校园建设"标杆案例。

2007年,我校以"语文课进阅览室"、阅读教学、阅读活动为"三阶",把学生社团和图书馆作为"两翼",落实"'三阶两翼'式阅读行动"。由我这个普通老师来统筹这项"书香校园建设"工程,最终实现"语文课进阅览室"常态化、阅读研究与教学规范化、阅读活动体系化、图书馆和阅读社团建设有效化,学校被确定为全国首批"阅读推广学校"。这其中学校各部门怎样热情地通力合作,是可以想象的。

从人的成长角度看,阅读不是目的而是工具,新课程改革是以育人方式的变革来提高育人质量的。"整本书阅读与研讨"就是一种以实践活动为主的学习方式,实践是引导学生做事,而不是做题应试。

从2022年开始,我们将学校一年一度的读书节开发成"多学科融合阅读课程"。在刚刚结束的合肥十中第23届读书节上,"柴丽妮数学名师工作室"组织学生共读《数学与人类文明》，提高学生的信息提取和加工能力。"潘庆梅历史名师工作室"开展《大地中国》整本书阅读，进行跨学科融合学习，从地理的角度深度学习中国历史。"姚远化学名师工作室"通过《大师说化学》整本书阅读，引导学生理解化学的基本概念、反应原理等，进一步认识化学。"李中祥数学名师工作室"通过数学欣赏、拓展类读物《美与数学》的整本书阅读，激发学生数学学习兴趣，拓展数学学习视角，培养数学思维能力。"赵言言技术名师工作室"组织《文明之光》阅读分享，引导学生探究技术与人类文明的互动关系，并促进技术学科社团间的合作与交流。鉴于教师平时与学生沟通效果不尽如人意，"傅厚菊名班主任工作室"组织教师阅读《非暴力沟通》，增强与学生沟通的效果。"江丽晨体育名师工作室"开展《黄种人跑进9秒99——解码亚洲新飞人苏炳添》整本书阅读，引导学生提高独立生活的能力，指导学生在未来漫长的人生道路上遇到困难和挫折时独立面对。"魏苗英语名师工作室"组织学生阅读《中英双语诗画集》，在两种语言跨越时空的交融中感悟传统文化，增强文化自信。"刘峤峤语文名师工作室"联合戏剧社、朗诵社、红学社、文学社等阅读社团，组织"园林成戏《牡丹亭》，大观盛景《红楼梦》"大型主题游园会……"合肥市阅读教育王国文工作室"不仅开展"读'乡土'，懂中国，会阅读""聚焦阅读专栏，走进红楼世界"

等活动，还在读书节期间开设了"异域生活，多样文化——《堂吉诃德》整本书阅读""人类阅读的前世今生——《阅读的历史》整本书阅读"等选修课程……

我主持的阅读工作室是合肥市"三名"工作室中的"教育名师工作室"，不仅合肥市十多所学校的老师热情参与，蚌埠、宣城、阜阳、宿州等地的中小学教师也不断加入，现已成了以合肥为基地辐射安徽全省，以高中为主辐射初中、小学的基础教育阅读共同体。

23年来推广阅读收获的感动，让我无法不一直走下去。我始终相信：推动读书是一种社会性运作，是一件动员他人跟你一起读书的事。"动员"是可以无声的，当你用心做一件事，长期坚持做这件事，就能激发他人潜在的热情，就会有一批"他人"聚拢过来。

(本文刊发于2024年1月10日《中国教育报》)

目录

绪　论 / 1

第一部分　育人：阅读的核心价值 / 11
　　课标教材："读整本书"课程化课堂化的发展历程 / 12
　　时代背景：由《中学生阅读行动指南》反思全民阅读视野下的阅读教育 / 18
　　教育改革：核心素养下的阅读行动 / 27
　　阅读新样态：课程，让阅读随时发生 / 36
　　阅读空间：风景这边"读"好 / 45

第二部分　"厚根基"阅读：自觉读·提升阅读素养·基础性 / 61
　　开发阅读资源，为学生终身发展"厚根基" / 62
　　阅读课堂化：语文课进阅览室 / 70
　　智慧阅读：数字化赋能阅读的创新实践 / 78
　　在"'三阶两翼'式语文阅读行动"中且行且歌 / 90

第三部分　"长筋骨"阅读：深度读·变革学习方式·发展性 / 97
　　通过阅读学习：让阅读超越阅读 / 98
　　《乡土中国》整本书阅读 / 106
　　《红楼梦》整本书阅读 / 142
　　整本书阅读贵在"整"和"读" / 187
　　"整本书阅读与研讨"学习任务群在不同类别课程中的实施 / 191

第四部分　"促个性"阅读：选择读·培养创新能力·差异性 / 201
　　建构开放多元的"读整本书"课程资源体系 / 202
　　学术著作：《杜甫传》整本书阅读选修课程 / 211
　　传统文化：《苏东坡传》整本书阅读选修课程 / 225
　　多样文化：《堂吉诃德》整本书阅读选修课程 / 237
　　革命文化：《长征》整本书阅读与超越 / 250
　　开发多学科融合阅读活动课程的创新实践 / 261

附　录 / 271
　　愿以萤火，以筑星河——对话"合肥市阅读教育王国文工作室"领衔人 / 272
　　做阅读·育人才·有影响——"合肥市阅读教育王国文工作室"经验交流 / 280
　　在书香中找寻诗与远方——合肥教师王国文深耕校园阅读 23 载 / 289

后　记 / 292

绪 论

21世纪初,国家启动了第八次课程改革。2000年3月,教育部出台《九年义务教育全日制小学语文教学大纲(试用修订版)》《九年义务教育全日制初级中学语文教学大纲(试用修订版)》和《全日制普通高级中学语文教学大纲(试验修订版)》,奏响新世纪课程改革的序曲;2001年6月,教育部印发《基础教育课程改革纲要(试行)》,标志着我国基础教育课程改革取得了突破性进展。

2001年,我们申报了合肥市教科研课题"构建语文学习开放性环境的实践与研究"。当时我们对阅读教育的认识还比较模糊,也没有深刻地认识到阅读的必要性,不过课题研究成果之一的"语文课进阅览室"引起了社会的普遍关注,进而改变了我们对课程改革的认识,确定了我们的阅读教育研究方向。

2003年6月14日,《中国教育报》从"学生是学习的主角""老师要为学生自主学习当好导演"的角度对"语文课进阅览室"进行了前瞻性的宣传报道。报道中一再强调:"探讨的不是课外阅读问题,而是如何在课堂上充分利用教学资源学习好语文","其主旨是实施资源教学,使语文教学'立体化'"。

2005年5月26日,合肥市教育局原局长何炳章在《合肥晚报》上撰文评价:"语文课在阅览室上,这绝不只是地点的挪动、空间的变换,更是教学观念的难得转变;十中人分明是在探寻课内信息和课外信息相互沟通、课内资源和课外资源综合利用的大语文教学模式。"

《教育问题案例研究》一书收录了"语文课进阅览室"案例,并作了具体阐释:"王国文老师的语文课与以往相比,主要发生了两个方面的变化。第一,教师由单纯的知识传授者转为学生学习的促进者，由管理者转为引导者。传统意义上的教师教和学生学，不断地让位于师生互教互学，彼此形成一个真正的'学习共同体'。教学过程不只是忠实地执行课程计划的过程，而且是师生共同开发和丰富课程的过程。教学变成一种动态的、发展的和极富个性化的创造过程。第二，学生的学习方式发生实质性转变。新课堂打破了教师'一言堂'的局面，建立了宽松的课堂气氛。教师从培养学生的学习兴趣、激发学生的学习动机出发，为学生创设有利于他们获取信息、相互交流、主动思考的环境。"

中华民族自古就有读书的传统。北京大学教授钱理群有个著名的观点："什么是教育？就是'爱读书'的校长和'爱读书'的老师，带领着学生一起'读书'。"当年因为学生喜欢，我们让语文课走进了阅览室，当时可能只是一腔热血。但主流媒体的报道，专家的分析指导，让我们深刻地认识到阅读的育人价值，明确了课程改革的方向：以学生为中心，转变学生的学习方式，让学生在阅读实践中成长……于是"阅读兴校"成了我所在的合肥十中的办学特色，贯彻"阅读育人"原则成了我们教师的自觉。

一、阅读育人 23 年探索与实践

2001 年至今，我们在阅读教育上探索实践了 23 年。有位对阅读有深入研究的教育专家将这 23 年历程概括为："阅读 1.0 版""阅读 2.0 版""阅读 3.0 版""阅读 4.0 版""阅读 5.0 版"。

（一）阅读 1.0 版：阅读进入课堂——"语文课进阅览室"（2001 年起）

2001 年，在国家启动基础教育课程改革之际，鉴于教育教学的许多问题都与学生阅读兴趣缺乏、习惯养成滞后、阅读量不够等有密切关联,我们统整教材阅读资源和图书馆阅读资源,每周开设一节阅读课,让学生走出课堂,走进阅览室,根据自己的兴趣喜好自主阅读,即"语文课进阅览室"。

"语文课进阅览室"初步实现了阅读课堂化,让学生每学期有了不少于 18 节的阅读课。它不仅开启了合肥十中"阅读兴校"的特色办学之路,而且成为学校数十年如一日的阅读教育主线。23 年来,我校开办了近 3 万节"语文课进阅览室"阅读课,在近 4 万名学生心里播下了爱读书的种子。2022 年 6 月,"语文课进阅览室"获评全国"书香校园建设"标杆案例。

(二)阅读 2.0 版:建设书香校园——"三阶两翼"式阅读行动(2007 年起)

2007 年,我们申报省级课题"以阅览室为平台,转变高中生语文学习方式的研究",开启"'三阶两翼'式阅读行动",让阅读教育超越语文学科,建设书香校园。"三阶两翼"式阅读行动在"语文课进阅览室"的基础上,根据阅读教育的内在逻辑,为学生社团注入阅读元素,组建长路文学社、年轮朗诵社、慎思辩论社等阅读社团,拓展校园阅读活动平台,让阅读活动充满青春气息;探索阅读教学规律,开展系列阅读活动,依托图书馆的硬件设施和网络信息资源建构智慧阅读课程化体系……课内阅读向课外阅读辐射,教材内容和图书馆阅读资源结合,使阅读真正成为启迪智慧的一盏灯。

2010 年 11 月,省级课题"以阅览室为平台,转变高中生语文学习方式的研究"获评全国"十一五"教育科研评比一等奖；2013年11月，"'三阶两翼'式阅读行动"获评全国优秀教学改革成果二等奖；2013年，我校被确定为全国首批"阅读推广实验学校"；2014年，学生阅读成果《徜徉经典》由黄山书社结集出版；2015年，我校被确定为全国"价值阅读示范学校"。

（三）阅读3.0版：践行区域阅读——阅读名师工作室（2016年起）

2014年，"全民阅读"首次写入政府工作报告。新的时代背景要求学校教育做出相应的调整、改革，以切实提高学生的阅读素养。2016年9月，我们创建了全国首个校园阅读共同体——"合肥十中阅读工作室"，协调学校资源，形成阅读合力，系统规划书香校园建设，形成推动阅读的长效机制。

2020年6月，经合肥市委组织部审批，"合肥十中阅读工作室"升格为"合肥市阅读教育王国文工作室"，成为践行区域阅读、铸造阅读品牌、培育阅读人才的根据地。来自合肥一中等十多所学校的近50名成员加入了这个集读书、教学、阅读推广于一体的阅读共同体。工作室致力于研究学校新阅读，突破教育新热点；践行区域阅读，助力全民阅读。工作室2020年获评安徽省"十佳阅读推广空间"，2023年获评"全国十佳名师工作室"。

2018年4月，"合肥十中17年深耕校园阅读，语文教学走在全国前列"获评2017年度合肥市十大教育新闻；2018年12月，合肥十中入选人民教育出版社"名著阅读教学实验基地（校）"。

（四）阅读 4.0 版：实现阅读课程化——建构阅读育人课程体系（2019 年起）

2019 年国家启动新一轮课程改革，我们申报省级课题"基于学习任务群的整本书阅读实践研究"。新时代，新课程，新阅读。在课题研究中，我们基于学生学习的基础性、发展性、选择性，开发丰富多样的阅读课程，依据学校学习环境、基于课堂学习方式对阅读教育进行拓展延伸，让阅读由课堂化进入课程化，从而自然地渗透到学校的育人管理体系中，成功建构了推动校园阅读与课程改革同向同行、与全民阅读同向同行的"普通高中阅读育人课程体系"。

（五）阅读 5.0 版：推进全科阅读——多学科融合阅读行动（2021 年起）

真实的阅读往往超越学科界限。全科阅读要求学生在各学科阅读中进行融通学习、自主学习，培养学科阅读能力，促进学科间的深度融合，使核心素养的培育真正落地，让阅读超越阅读。自 2021 年起，我们以读书节为平台，以开发"多学科融合阅读活动课程"为抓手，推动全科阅读，落实多学科融合阅读，进一步丰富、完善阅读育人课程体系。"多学科融合阅读活动课程"以学科组、12 个不同学科的名师工作室、阅读社团等为支撑，每个学科或工作室在读书节上开设不少于 3 课时的阅读课，确保持续一个半月的读书节有不少于 50 课时的阅读课。学生自主选修这些阅读课，学完 9 课时赋 0.5 学分，学完 18 课时赋 1 学分。

"多学科融合阅读活动课程"一经实施，就受到安徽省委宣传部、合肥市教育局等部门，"学习强国"、安徽电视台等媒体的支持和关注。2024年3月，合肥十中被确定为安徽省"历史学科整本书阅读与师生史学阅读素养能力提升实践研究教研基地（校）"；4月，在安徽省委宣传部的指导和支持下，我们联合12家学校和单位发起成立了"书香安徽教育阅读联盟"。

二、"厚根基·长筋骨·促个性"阅读育人体系

阅读是一种最为基础的教学手段，也是学生自主学习的一种重要方式，把阅读教育贯穿于教育教学的全过程，引导学生多读书、读好书、善读书，是课程改革和全民阅读的要求。在23年阅读育人的探索和实践中，我们建构了"厚根基·长筋骨·促个性：基于变革育人方式的阅读体系"，该教学成果于2024年3月入选"安徽省基础教育优秀教学成果培育项目"（项目编号CG39）。

（一）"厚根基"阅读：自觉读·提升阅读素养·基础性

在广泛、自由阅读的基础上，教师要引导学生明确阅读方向、落实阅读行动，使学生逐步走向自觉阅读，为终身发展"厚根基"。自觉阅读重在激发阅读兴趣、培养阅读习惯、掌握阅读策略、拓宽阅读面、增加阅读量、提高阅读力等。"厚根基"阅读旨在全面提升学生的阅读素养，既引导学生通过阅读自主学习，也为后期变革学习方式奠定基础。

"厚根基"阅读的主要样态有"语文课进阅览室"、阅读社团活动、数字化赋能的智慧阅读等。如每学期18节"语文课进阅览室"分为4个实施阶段：（1）自主浏览。学生走进图书馆，熟悉阅览室的杂志后，凭兴趣浏览自己喜欢的杂志。（2）静心阅读并写读书随

笔。学生自由选择杂志，专心阅读，并写读书随笔，实现读写一体。（3）分享阅读感悟。读中有听说，听说促读写，在交流分享中寻找阅读兴趣相同的同伴，组建阅读小组，合作阅读。（4）精读深思。选择最喜欢的一份杂志精读，力争读深、读透，读出自己的理解，积累阅读成果。

（二）"长筋骨"阅读：深度读·变革学习方式·发展性

"长筋骨"阅读是以整本书阅读为抓手的深度阅读，课程标准中的"整本书阅读与研讨"指向学习方式，是以实践活动为主的学习方式。"长筋骨"阅读就是由被动、消极、碎片式地接受，转变为主动学习、积极思考、系统建构；深度阅读着眼实践活动，突出实践指向，提升核心素养，提高整体认知，丰富精神世界，实现由教学为本向学习为主转变。

"长筋骨"阅读是"厚根基"阅读的应用和延伸，呈现为进阶性和发展性的特点。其主要样态有整本书阅读衔接课程（包括初高中衔接、教考衔接等）、"三维度六课型"的整本书阅读单元教学（包括《乡土中国》《红楼梦》等整本书阅读）、读懂整本书校本课程、整本书阅读专栏、整本书阅读评价体系等。

（三）"促个性"阅读：选择读·培养创新能力·差异性

"促个性"阅读适应了社会对人才的多样化需求和学生对语文教育的不同期待，其着眼于学生的兴趣潜能和学习差异性，提供学习选择空间，促进个性发展，从而培养学生的创新能力。"促个性"阅读赋予学生在阅读选择上的空间和自由，是"厚根基"阅读和

"长筋骨"阅读的延伸拓展、提高深化。

"促个性"阅读的主要样态有整本书阅读课程资源体系、《杜甫传》整本书阅读选修课程、《苏东坡传》整本书阅读选修课程、《堂吉诃德》整本书阅读选修课程、《长征》整本书阅读活动课程、多学科融合阅读活动课程等。

"厚根基·长筋骨·促个性：基于变革育人方式的阅读体系"是具有基础性、发展性、进阶性、选择性的开放多元的阅读育人课程体系。我们在研究该阅读育人课程体系的过程中取得了一系列成果：完成省市级教育研究项目6项，出版专著5部，发表论文60多篇；学生阅读成果（包括获奖）有5000多项，教师获奖200多人次，学校集体获奖十多次；辐射十多个市县，在20多所学校实践检验，并推广到义务教育阶段。该阅读育人课程体系得到社会的广泛关注，获得《中国教育报》《光明日报》《安徽日报》《语文报》、安徽电视台、"学习强国"、中国教育新闻网等数十家主流媒体的持续报道。

（本文刊发于2024年第4期《合肥教育》，原题为《探索阅读教育样态，建构阅读课程体系》）

第一部分
育人：阅读的核心价值

课标教材:"读整本书"课程化课堂化的发展历程

21世纪以来,国家倡导学生多读书、好读书、读好书、读整本的书,对阅读的重视达到了前所未有的新高度。全民阅读,校园先行;校园阅读,语文先行。自上而下的倡导与自下而上的创造,使"读整本书"成为语文界乃至整个基础教育界的重点和热点。本文通过研读21世纪以来语文课程标准和教材,梳理"读整本书"教学发展脉络,把握课外阅读进入课内教学序列的进程,明晰"读整本书"的课程化课堂化趋势。

2000年3月,教育部印发《九年义务教育全日制小学语文教学大纲(试用修订版)》和《九年义务教育全日制初级中学语文教学大纲(试用修订版)》,同年出台《全日制普通高级中学语文教学大纲(试验修订版)》。2001年,教育部印发《全日制义务教育语文课程标准(实验稿)》。2011年12月,教育部印发《义务教育语文课程标准(2011年版)》。2017年底,教育部出台《普通高中语文课程标准(2017年版)》。2022年4月21日,教育部颁布《义务教育语文课程标准(2022年版)》。研读不断出台的课程标准,我们清楚地看到21世纪以来的三次重大教育改革:2001年版课标注重"双基",即基础知识和基本技能——育分;2011年版课标由注重"双基"到注重"四基",即注重培养学生发现问题、提出问题、分析问题、解决问题的能力——育能;2017年版课标和2022

年版课标将立德树人的教育方针具体化细节化，着力培养学生正确的价值观、必备品格和关键能力——育人。

研读新中国成立以来的语文课程标准，我们可以看到"读整本书"有一个从萌芽到发展再到成熟的清晰过程：21世纪前的语文教学大纲虽然重视阅读，但"读整本书"还属于课外阅读，可以视为非课程化非课堂化阶段；21世纪，随着基础教育改革的深入，"读整本书"进入了半课程化半课堂化阶段，并逐步课程化课堂化。

2000年颁布的《九年义务教育全日制小学语文教学大纲（试用修订版）》《九年义务教育全日制初级中学语文教学大纲（试用修订版）》，第一次对每学年需要阅读的文学名著的数量作出了清楚的规定："课外自读每学年不少于80万字（其中文学名著2—3部）。"同年出台的《全日制普通高级中学语文教学大纲（试验修订版）》在学生高中阶段的阅读量方面提出了更高的要求："课外自读文学名著（10部以上）、科普书刊和其他读物，不少于300万字。"2001年颁布的《全日制义务教育语文课程标准（实验稿）》，明确要求七至九年级的学生"学会制订自己的阅读计划，广泛阅读各种类型的读物，课外阅读总量不少于260万字，每学年阅读两三部名著"，并在附录部分提出了课外读物的阅读建议。课标中的"教学建议"指出："培养学生广泛的阅读兴趣，扩大阅读面，增加阅读量，提倡少做题，多读书，好读书，读好书，读整本的书。鼓励学生自主选择阅读材料。"这个阶段"读整本书"集中在阅读名著上。1992年印发的《九年义务教育全日制初级中学语文教学大纲（试用）》要求"每学年课外读三五本书，提倡课外练笔"，1996年印发的《全日制普通高级中学语文教学大纲》要求"课外自读文学名著和一般的政治、经济、科普论著,每学年不少于 50 万字"。在此基础上,"读整本书"的理念逐渐清晰,从课外阅读正式进入课内教学序列中,中学语文教材中也出现了与名著阅读直接相关的内容,这标志着"读整本书"进入了课程体系,"读整本书"课程化迈出了实质性的一步。但课标对"读整本书"尚无具体的进一步要求,教材有所涉及,但还是倾向于课外阅读,这是半课程化半课堂化阶段。

《义务教育语文课程标准(2011 年版)》提出:"要重视培养学生广泛的阅读兴趣,扩大阅读面,增加阅读量,提高阅读品位。提倡少做题,多读书,好读书,读好书,读整本的书。关注学生通过多种媒介的阅读,鼓励学生自主选择优秀的阅读材料","加强对课外阅读的指导,开展各种课外阅读活动,创造展示与交流的机会,营造人人爱读书的良好氛围"。《普通高中语文课程标准(2017 年版)》要求"培养广泛的阅读兴趣,努力扩大阅读视野。学会正确、自主地选择阅读材料,读好书,读整本书,多媒介获取信息,提高文化品位,提高阅读和表达能力",将"整本书阅读与研讨"列为第一个学习任务群,并穿插到必修、选择性必修和选修三类课程中。终于,整本书阅读上升为国家层面的课程意志,成为基本的教学任务。

《义务教育语文课程标准(2022 年版)》在课程理念部分强调:"倡导少做题、多读书、好读书、读好书、读整本书,注重阅读引导,培养读书兴趣,提高读书品位。"课标分三个层面设置六个学习任务群,整本书阅读被列为第三层的拓展型学习任务群。对于整本书阅读的含义、学习目标、教学内容、教学要求、学习评价等,课标都作出了具体详尽的规定和要求。整本书阅读学习任务群不仅带来了阅读的"量"的增加,更带来了阅读的"质"的转变,阅读由以往侧重于阅读文学类名著转向更为宽广的领域,体现了新时代呼唤教育培养全面而有个性的人的整体要求。

教育部《中小学教材管理办法》第十四条规定,"教材实行周期修订制度,一般按学制周期修订",当"课程标准发生变化"时,教材"应及时修订"。2016年秋季起,全国开始使用统编教材。

小学语文教材增加"快乐读书吧",在该板块中明确列出44本书,把课外阅读引入语文课堂,使之成为语文课程的有机组成部分。"导语""你读过吗""小贴士""相信你可以读更多"等栏目的设置能够激发学生的阅读兴趣,让学生感受阅读的快乐,打开学生阅读的视野,并让学生掌握一些基本的阅读方法,逐步形成良好的阅读习惯。从三年级开始,教材中出现了"阅读策略单元":三年级上册第四单元为"预测"、四年级上册第二单元为"提问"、五年级上册第二单元是"提高阅读的速度"、六年级上册第三单元是"有目的地阅读"。这四个"阅读策略单元"构成了小学阶段阅读策略学习系统。

初中语文教材编设"名著导读",每学期指定2本必读书,三年共12本,还有24本选读书。"名著导读"的基本体例:(1)名家点评。选用两三则名家或作者本人的点评,引导学生阅读;有时还会附上名著的书影。(2)名著简介。简要介绍名著的写作背景和内容特色,旨在激发学生的阅读兴趣。(3)阅读方法指导。根据所选名著的特点和学生的学习需要,介绍具体的阅读方法,旨在引导学生在读书过程中有意识地运用阅读策略,以提升学生的读书能力。(4) 专题探究。根据名著的具体内容，设计三四个专题探究可选择的阅读任务，以任务来驱动学生的个体阅读和群体共读活动。专题探究有意识地从不同角度来设计，注意听说读写等活动形式的多样性，以满足不同特点、不同层次学生的个性需求。四个"名著导读"板块，勾连起学生阅读整本书的基本线索，构成比较完整的阅读框架，也形成了开放且有弹性的整本书阅读教学体系，是实现将课外阅读纳入教材意图的重要依托。

统编高中语文教材编设以阅读为核心，以任务为引领，更多指向建构经验、养成习惯，形成适合自己读书方法的整本书阅读单元。主要栏目：(1) 单元导语。提纲挈领地阐述所选名著的重要价值和社会影响，提示阅读策略和阅读重点，旨在让学生在较高站位上认识阅读整本书的重要意义。(2) 导入语。简要介绍名著的基本情况、主要内容，或提示必要的写作背景，旨在激发学生的阅读兴趣，引发阅读期待。(3) 阅读指导。从学生实际阅读可能遇到的困难出发，提供阅读方法和阅读策略的指导，不仅关注所选名著特殊的阅读方法，同时兼顾同类书的阅读解决方案，以期收到学以致用、举一反三之效。(4) 学习任务。依据名著的思想内容和艺术特点，设计富有启发性、形式多样的学习任务，旨在引导学生自主阅读名著，深入探究情节，建构阅读整本书的方法和经验，提升阅读鉴赏能力。

自 2024 年秋季起，小学语文一年级、初中语文七年级使用新教材，其余年级的教材依常规修订。语文新教材原"课文"单元改为"阅读"单元，突出阅读的重要性。七年级每个单元末增加"阅读综合实践"，原来的"名著导读"改为"整本书阅读"，引导学生通过阅读整本书，拓展阅读视野，建构阅读经验，形成适合自己的读书方法。七年级整本书阅读选取的是《朝花夕拾》，教材栏目设置与 2019 年使用的高中教材中的整本书阅读单元一脉相承，包括"名家点评""名著简介""阅读指导""阅读任务"四个板块。

从课程意义上说，读整本书进入了整本书阅读阶段，从课外正式进入课内教学序列，成为课堂教学的组成部分。我们有理由相信，教材的设计和修订体现了编者对阅读的深刻思考，将会引导更多的学生在未来的学习和生活中越来越喜欢语文，越来越喜欢阅读，阅读将成为他们的一种重要的生活方式。

至此，读整本书进入精细化教学阶段，有了越来越清晰的课程价值与教学意义，成了阅读的主旋律，课程化课堂化进程初步完成。

时代背景：由《中学生阅读行动指南》反思全民阅读视野下的阅读教育

2024年4月23日，第三届全民阅读大会在昆明开幕。全国政协副主席朱永新在大会上指出，在政府和社会各界人士的齐心协力之下，推动全民阅读已经取得了重要成果。今天的全民阅读，已经从理念的广泛提倡阶段，进入了行动的全面夯实阶段。但时间如果退回到2013年，当时全民阅读还是新生事物，让很多人不知所措。当然，也有先行者。

中国教育学会中学语文教学专业委员会、北京大学语文教育研究所、北京语言大学、中国教育报社、商务印书馆于2013年的世界读书日（4月23日）联合发布了长达22页的《中学生阅读行动指南》（以下简称《指南》），但颇受质疑，至少在两年后的2015年，并没有在中学生阅读中发挥多大作用。

"我希望全民阅读能够形成一种氛围，无处不在……把阅读作为一种生活方式，把它与工作方式相结合，不仅会增加发展的创新力量，而且会增强社会的道德力量。这也就是为什么我两次愿意把'全民阅读'这几个字写入政府工作报告的原因，明年还会继续。"李克强总理在2015年全国两会答记者问时如是说。

全民阅读，更早一点可以追溯到2013年全国两会期间，新闻出版总署副署长邬书林、教育部副部长李卫红等联合发起提案，建议把全民阅读上升为国家战略；党的十八大报告也提出"扎实推进社会主义文化强国建设"，要求"开展全民阅读活动"。一石激起千层浪，也就是在这一年的世界读书日（2013年4月23日），《指南》发布了。

转眼两年过去了，再搜索"中学生阅读行动指南"，呈现的条目基本还是2013年的消息——旧文居多，新文极少。而且《指南》在颁布之初就广受质疑。成向阳老师说《指南》"极可能是把给博士生的阅读书目错放在了初中生的脑袋上"，断言它"肯定指导不了当下最广大、最普通中学生的阅读"；参与《指南》修改工作的中学语文老师蔡朝阳也说《指南》很难"介入中学教育"。更为残酷的事实是，《指南》的制定者商务印书馆等机构为了推广阅读先后举办了"2013阅读论坛"和"2014阅读论坛"，但论坛上无论是领导讲话、专家报告，还是阅读示范课、讨论交流，都基本上没有人提及《指南》。中学教学实践中用《指南》来推广阅读的，更是少之又少。

《指南》的式微，似乎在印证着质疑者的声音。这是不是说明虽然全民阅读备受关注，在中学却无法进行阅读推广？此时此刻，回过头来盘点《指南》，思考怎样在中学进行阅读推广，似乎很有必要。

一、《指南》被误读，阅读推广理念要更新

（一）《指南》的研制理念：各学科老师都是阅读推广人

"与目前社会上其他学生推荐书目相比，这个书目从研制理念

到整体设计都具有自己的特色。"这是在不同媒体反复出现的《指南》介绍。但"研制理念"该如何理解？包括研制方在内都很少阐释这一概念。

《指南》发布之初，遇到的尴尬之一是"中学教师直言，《指南》中除了所列一些文学书目外，三分之二的书都没读过"。《指南》中提到了100多本书，分为文学、历史、哲学、科学、社科、艺术、博物七个领域，不仅注重人文教育，也培育科学素养。七个专业领域的100多本书，谁能读完全部或者阅读大部分？一个老师有"三分之二的书"没读过，合情合理。况且全民阅读不是为了培养通才，而是综合学生天赋、兴趣等多方面因素，引导中学生进行阅读，从而培养社会需要的各级各类人才。

阅读是一种跨学科的能力，是人学习所有知识的基本方式。一位老师读过《指南》中与本专业相关的三分之一的书就足够了，当然可以再补充阅读，但更重要的是以指导学生阅读为己任，在本学科内，引导有潜力、有追求、有需要的学生进行阅读，我认为这就是有效的阅读推广。每个老师都这么做，每个老师都是阅读推广人，中学阅读推广不就热火朝天地开展起来了吗？

所以，当看到《指南》里提到的很多书自己没有读过时，请不要惊慌。全民阅读背景下的阅读推广，要面向所有学生，关注学生全面发展。阅读不只是文学爱好者的兴趣活动。因此在中学教育中，不仅语文老师是阅读推广人，政治、历史、地理乃至数学、物理、化学、生物等所有学科老师都责无旁贷的是阅读推广人。《指南》的阅读对象是所有学科的老师——《指南》指导中学所有的老师成为阅读推广人。

(二) 阅读推广不是推广书目，而是借助书目来推广阅读

《指南》的核心价值不在于书目。《指南》研制小组组长蔡可先生曾说："这是一个'阅读行动指南'，并不只是一个书目……《指南》已经超越了书目的范畴，是在打造'阅读场'，让阅读真正能够成为一种行动。"国家语委原副主任李宇明不看好《指南》，他说："看到这份书目……我们应该呼吁，大专家从象牙塔里走出来，为我们的中学生、小学生，为大众写书，为青年写书。"李先生批评的其实是书目。

我们不妨再回到"三分之二的书都没读过"这个《指南》所面临的所谓尴尬。请问：指导学生阅读的书，老师一定要读过吗？只有老师读过了一本书，才能指导学生阅读吗？阅读推广难道是为了读多少本书吗？

《国家基础教育课程改革指导纲要》提倡"用教材教"而不是"教教材"的教育理念，教学目标是教学活动的出发点和归宿，使用教材的目的是实现教学目标，而不是教完教材。教材是为教学服务的，而不是用来束缚、限制教学的。阅读推广同理，不是限定在非要读某某书不可，而是借助读具体的书来推广阅读——在中学推广阅读，我们聚焦的应该是理念，而不是书目。

不知道大家有没有注意《指南》中短则百字以内、长则一百二三十字的精短的编写说明，我觉得那真是字字珠玑，应该是编制者在编制《指南》时付出心血最多、最能体现编制者智慧的部分。我们不妨看看"科学"部分的编写说明：本领域图书涉及科学基础知识、科学家传记与科学史，也涉及一些热门领域的重要科普作品。

书目选择打破唯知识是从的倾向，既注重科学常识的普及，又注重激发学生的问题意识，引导学生正确理解科学与社会的关系，养成科学的思维方法与习惯。

细细领悟，慢慢品味，习惯于文学阅读指导的老师，对于本来非常陌生的科学阅读指导豁然开朗："注重科学常识的普及""注重激发学生的问题意识""引导学生正确理解科学与社会的关系""养成科学的思维方法与习惯"，寥寥数语，切中肯綮。后面的书目，无论熟悉还是陌生，都顿时变得亲切起来。而且我相信每一个老师的注意力都不再被书目牵制，即使认为这是"博士生的阅读书目"，是"象牙塔里"的"大专家"的阅读喜好，也会毫不在意——就像蔡可先生说的，每个老师都"可以按照书目提供的线索不断探究，生成个性化书单"。

二、《指南》定位不准，阅读推广不应回避现实

（一）阅读推广不能撇开课程标准

中国教育学会中学语文教学专业委员会理事长苏立康曾说："改善中学生的阅读状况，需要在制度上加以保障。"全民阅读目前只是列入国家立法计划。即使全民阅读法颁布，对中学教育也许会有引领意义，但不会成为中学教育的纲领性文件。

"课程是实现教育目的的重要途径，是组织教育教学活动的最主要的依据，是集中体现和反映教育思想和教育观念的载体，因此，课程居于教育的核心地位。""课程标准是国家课程的基本纲领性文件，是国家对基础教育课程的基本规范和质量要求。"课程标

准在中学教育中的地位是无法动摇的。换言之,在中学进行阅读推广就应该和课程标准保持一致。

《指南》研制小组组长蔡可先生并不担心《指南》被忽视,因为"学生主动参与、亲身实践、独立思考、合作探究,在有些学校已经渐渐成为现实",但蔡先生也说了那是"义务教育课改 12 年、高中课改 9 年"。蔡先生说的"课改",就是新课程标准的实施,"部分学校的探索已经为课程的多样化实施蹚出了一条可行之路"。可是我们翻阅《指南》,似乎这批专家有意无意地要撇开课程标准。在《指南》的字里行间我们很少看到与课程标准衔接的文字,如果它介入中学教育,就是平地冒出一个新的"政策",这让广大中学教师情何以堪呀!——《指南》不能"介入中学教育",似乎"从开始就注定"了。

新教育研究院新阅读研究所副所长朱寅年力挺《指南》时说:"很多学校对好的书单都是很渴求的,很多学校都咨询新阅读研制的书目。"朱先生可能没有意识到,合适的才是最好的,学校渴求的"好的书单"是贯彻课程标准的书单,专家们应该研制适合当前教育体制的书单。

(二) 阅读推广要从现实找切入口

中学生的阅读现状早就引起有识之士的关注。中国人民大学附属中学佟世祥老师在《指南》发布会上说:现在的中学生爱做题,不爱读书;爱读短文章,不爱读长文章;喜欢听情节惊险的故事,不喜欢读诗。他觉得,中学生的阅读趣味不高,主要与学生没有养成阅读习惯有关。这个问题令人担忧。

改变这种状态迫在眉睫。但是我们都明白，阅读是一种主动的、由课内到课外的整体过程，学生的知识体系是通过课内外的自主学习逐渐建立起来的。面对当前中学生这种并不乐观的阅读现状，一下子推出这样"高大上"的《指南》，而且是全民阅读背景下面对所有学生的阅读指南，是不是真的有点异想天开了？

媒体对《指南》的积极评价是"它立足于学生生活和需求，从学生关心的问题出发……"，其实这不过就理念而言罢了，改为"它立足于学生成长的需求，从学生成长中必须关心的问题出发……"似乎更为准确——《指南》更多着眼于学生成长的需要，而不是立足现实，理想的成分更多些。

吉林省教育学院高中部语文教研员张玉新认为："学生读书少，主要是学校师生不得不围着考试团团转，学生学习任务非常繁重，大量时间花在做题上。本该扩大阅读量的语文课往往变成习题训练课，数理化教师对学生的课外阅读支持力度也不够，加上学生家长急功近利的心态，直接导致学生课外阅读的重要性得不到清醒认识，甚至被制止和打压。"现状需要改变，现状也是事实，是阅读推广必须直面的。

从一定意义上说，阅读是超越功利的，但是中学的阅读推广，不应该也无法回避教育现实，更要和课程标准相呼应。苏立康说，阅读推广要"督促教师养成良好的阅读习惯，一定要在教师考评制度上有所突破，如把教师阅读状况与其评优、评职称、评骨干等挂钩，形成一定的约束机制，而这需要教育行政部门提供科学而具有操作性的政策支持"。《指南》以远远超出学生现有水平的高度，在功利性阅读盛行的中学进行超越功利的阅读推广，确实不现实。

(本文刊发于 2015 年第 3 期《学语文》，原题为《国家倡导全民阅读，中学如何"阅读推广"？——〈中学生阅读行动指南〉颁布两周年盘点》)

附：

2014—2024 年，"全民阅读"连续 11 年被写入政府工作报告。

（1）2014 年：促进基本公共文化服务标准化均等化，发展文化艺术、新闻出版、广播电影电视、档案等事业，繁荣发展哲学社会科学，倡导全民阅读。

（2）2015 年：提供更多优秀文艺作品，倡导全民阅读，建设学习型社会，提高国民素质。

（3）2016 年：深化群众性精神文明创建活动，倡导全民阅读，普及科学知识，弘扬科学精神，提高国民素质和社会文明程度。

（4）2017 年：大力推动全民阅读，加强科学普及。

（5）2018 年：倡导全民阅读，建设学习型社会。

（6）2019 年：倡导全民阅读，推进学习型社会建设。

（7）2020 年：倡导全民健身和全民阅读，使全社会充满活力、向上向善。

（8）2021 年：推进城乡公共文化服务体系一体建设，创新实施文化惠民工程，倡导全民阅读。

（9）2022 年：繁荣新闻出版、广播影视、文学艺术、哲学社会科学和档案等事业。深入推进全民阅读。

（10）2023 年：实施文化惠民工程，公共图书馆、博物馆、美术馆、文化馆站向社会免费开放。深入推进全民阅读。支持文化产业发展。加强国家科普能力建设。

（11）2024年：发展哲学社会科学、新闻出版、广播影视、文学艺术和档案等事业。深入推进国家文化数字化战略。深化全民阅读活动。

教育改革：核心素养下的阅读行动

  核心素养是 2016 年在我国基础教育改革中出现的新理念，其意义和影响正日益显现出来。2014 年 4 月，教育部印发《关于全面深化课程改革落实立德树人根本任务的意见》，第一次提出"核心素养体系"。核心素养体系是国家立德树人教育方针的具体化，但亦如华东师范大学杨向东教授在其专题报告《基于核心素养的教学与评价》中所言："核心素养依然不是可直接操作的概念。"核心素养这一理念转化为学生的素质需要更多操作层面的实践和探索。北京市十一学校语文教师闫存林在全国"新学校"论坛上指出："语文素养的核心在于阅读。"从这个意义上说，核心素养理念对于阅读是挑战也是机会，阅读要肩负更为严峻的历史使命，将迎来突破的转机。北京师范大学第二附属中学李煜晖老师认为读书是一件很私人的事情，但读书教育却是一个科学的工程。"合肥十中阅读工作室"旨在积极探索、构建读书教育这一科学的阅读工程。

  "合肥十中阅读工作室"统筹规划阅读行动，充分利用校内外的有利因素（包括安徽师范大学文学院、安徽大学文学院等高校的学术支持），遵照以核心素养为纲的高中语文课程标准，探索并实践科学且高效的阅读行动。这是合肥十中坚持了 16 年的阅读行动的升级版。

一、阅读"层进化"

北京四中校长刘长铭在其《别强迫学生无休止应试》的报告中指出:创新人才"在某个学科可能是非常见长的,那么与这个学科相支撑作用比较大的,他发展的水平就比较高一些,这个结构中每个人所擅长的学科领域和结构不同,就像埃菲尔铁塔"。我们把其中的"学科"置换为"阅读"同样成立。所以说阅读不能只注重"量"的累加,"要在读书习惯、方法、能力三方面为学生的终身阅读打好基础,而不是比拼谁在高中看的书更多"。高中时期的阅读应该逐层推进,呈螺旋式上升。

(一)"厚根基"阅读

以核心素养为纲的高中语文课程标准规定高一的必修教材是"共同基础",基于此,针对高一学生的阅读行动侧重基础性。

1. 语文课进阅览室

"语文课进阅览室"是合肥十中 16 年阅读推广工作的集大成者。2001 年,我们从市级课题"构建语文学习开放性环境的实践与研究"的探索中提炼出"语文课进阅览室";2004 年,省级课题"以阅览室为平台,转变高中生语文学习方式的研究"立项……我们一步一步推进,进而在全国产生较大影响。这种课堂化的阅读行动,具体执行办法是每周安排一节语文课,在阅览室里引导学生接触丰富的语文资源(主要是报刊),"择真而读""择善而读""择美而读""择不足而读"。培养高中生阅读习惯,同时激发阅读兴趣、指导阅读方法,让每个学生都有良好的阅读体验。

该阅读侧重于语文核心素养整体结构的基础层面——"语言建构与运用",引导学生积累较为丰富的语言材料和言语活动经验,培养学生良好的语感,与必修教材中"社会生活情境下的阅读与交流"这个任务群对接。

2. 一学期一本书"同读"

该阅读依然在每周一节阅读课上进行,阅读地点由阅览室改为图书馆,阅读对象由篇章、报刊延伸到整本书,与必修教材中"整本书阅读与研讨"任务群对接。

在收集、整理学生阅读需求的基础上,一个学期每个班级推荐10本书,学生任选一本,志趣相同的学生"同读"。每月下旬的最后一节阅读课为阅读分享课,学生交流"同读"心得,探讨阅读技巧。条件成熟时,一个年级的阅读课安排在同一时间,全年级选择相同书籍的学生"同读",学校指定老师负责一学期某本书的阅读。

3. 基于学科素养的阅读

此为着眼于学科素养的全科阅读,这里的学科主要是指除语文以外的数学、英语、政治、历史、物理、化学、生物等高考学科。一则提高学生的学科素养和学习能力,从容应对高考;二则打破学科界限,提升综合素养。

据统计,考生的阅读能力(即从试题中获取和解读信息的能力)不足,是近年考生高考失分的主要原因之一。阅读能力不足导致的失分在选择题和非选择题中都比较突出,其中文科占失分总量的二分之一左右,理科占失分总量的三分之一左右。提高学科素养、培养高考需要的深度理解和独立阅读能力,已是教学亟待解决的问题。基于学科素养的阅读以学生的素养提升为目标,打破学科界限，融通各学科知识，关注跨学科共同素养（创新、批判性思维、合作和交流）。

该阅读需要依托阅览室和阅读工作室，各学科老师在课内推荐、指导并检查，学生课外到阅览室阅读报纸、杂志。各学科老师也要撰写或推荐提高该学科素养的阅读材料，阅读工作室引导学生阅读，初步培养学生的学科思想，从而贯通学生的价值观、思维力和创造力，提升学生跨学科的核心素养。

（二）"长筋骨"阅读

张玉新教授自始至终关注着我们的阅读行动，他一再强调：阅读不仅要帮助学生长"肌肉"，更要长"筋骨"！如果不长"筋骨"只长"肉"，长的可能是累赘的"肥肉"。核心素养突出强调个人修养、社会关爱、家国情怀，注重自主发展、合作参与、创新实践……这些就是学生要长的"筋骨"。高中生的阅读不强调均衡发展，而是引导学生不断拓宽视野，获得更广博的知识，提高思想境界，成为具有创新思维的人。

"长筋骨"阅读与基础性阅读不是等同的，它不强调阅读量的累加，而是强调阅读向更深层次推进，是在学生有了阅读体验、初步养成阅读习惯、掌握了阅读方法后，思维能力提高，阅读品质提升。"长筋骨"阅读是开放的，可以由某个老师提出并实施，也可以由几个老师共同研究落实，还可以由家长或学生提出。

"长筋骨"阅读不是专指向语文，更不局限于文学，带有学科方向的阅读、某学科某个专项的阅读同样可以帮助学生"长筋骨"（即"厚根基"阅读中"基于学科素养的阅读"的延伸阅读），从而提高核心素养所要求的适应终身发展、社会需要的能力。

(三)"促个性"阅读

以核心素养为纲的高中语文课程标准规定高三的选修二是自主选修,包括国家在必修与选修一基础上设置拓展、提高性课程和学校开设的校本课程,是个性发展的需要。基于此,我们在高三开展了"促个性"阅读行动。我们并没有无视阅读给人带来的快乐。阅读是一种享受,体验到阅读乐趣的人是幸福的。但高中生需要的不是浅层次的好奇带来的快乐,也不是应试教育比衬出来的"悦读"。我们要引导高中生接受阅读的挑战,走出阅读的"舒适圈",踮起脚尖不断突破自身能力,收获这份成长的快乐。这就是促进学生个性发展。

"促个性"阅读也是开放的,可以由某个老师或多个老师,乃至家长或学生提出,经阅读指导小组审查后实施。例如,学生可以重读好书(为提高阅读品位,教师可以引导学生读第二遍、第三遍……)、读文学理论(孙绍振老师建议"应该让文学理论介入高中阅读教学,这样有利于提高学生的鉴别力")、读阐释名著的书、读专业方向的书等。

"促个性"阅读是真正意义上兴趣驱动的阅读(高三学生自愿参与,有能力的高一、高二学生也可以参与)。"促个性"阅读强调个性化的过程性学习成果,为学生提供持续的挑战并让他们获得成就感,因而"促个性"阅读鼓励写作,要求读写能力转化,鼓励学生向报刊投稿、参加不同形式的征文比赛。"合肥十中阅读工作室"每年都会举行读书征文比赛,校刊《园中葵》也会择优刊登学生的文章。

二、阅读"课程化"

我们明确地将阅读行动作为学校的一项重要的课程——合肥十中阅读行动校本课程。

学校开设阅读行动校本课程的主要目标：第一，创设新型阅读环境，激发阅读兴趣，培养阅读习惯，提高阅读能力，提升阅读品质；第二，以阅读为手段将"语言建构与运用""思维发展与提升""审美鉴赏与创造""文化传承与理解"等核心素养转化为学生的素质，践行立德树人的根本使命；第三，发挥人文学科独特作用，创建"书香校园，人文十中"，凸显合肥十中人文办学特色。

阅读行动校本课程内容丰富。除了"层进化"课程建设，学校还重视课程资源的生成，推动课程建设。如研发的阅读课题、组织的阅读活动、形成的阅读成果等，都是现实的、鲜活的、有生命的课程资源。课程内容的另一个方面是根据阅读需要适当开设阅读选修讲座或阅读选修课等。

阅读需要活动。高中生读书尚欠自律，更需要阅读活动的及时介入。我们的阅读行动重视开发阅读活动。

高一上学期举行朗诵会，或诗歌朗诵，或散文朗诵，时间、地点、主题等根据具体情况而定；高二下学期举办读书征文比赛；每年元旦前后半个月时间，举办合肥十中阅读论坛，有学生论坛、教师论坛（包括外校教师）、专家（包括作家）讲座，还辅以读书人物评选、阅读课题开发审批及阶段验收、阅读成果展评、读书沙龙等活动。三大阅读活动是三"点"，点点相连形成一条活动主线，串联起各个年级的阅读活动，也贯穿了学生整个高中阶段的阅读，沉淀为学校的阅读传统。

为确保阅读活动立体化，全面提高学生综合素养，"合肥十中阅读工作室"组建了学生阅读共同体，包括读书社、朗诵社、文学社、《园中葵》校刊等，以建立组织的形式对阅读课程的实施予以支持。

建构高中阅读认证评价体系全面评价学生的阅读。高一年级的"厚根基"阅读是基础性的，评价偏重阅读量。把学生参加阅读课的时间和参加阅读活动的时间都折算成阅读量，加上阅读图书折算成的阅读时间，如果达到了课程标准要求的阅读字数，就颁发"高中阅读乙等证书"。高二年级的"长筋骨"阅读在评价上"量"与"质"并重，既关注阅读量也重视阅读能力的提升，通过试题检测、知识竞答、主题答辩、论文评选等方式进行考核，如果符合标准，经认证后发放"高中阅读甲等证书"。高三年级的"促个性"阅读侧重于阅读品质和素养提升，认证依据是阅读成果。与读书有关的文章在报刊上发表或评比获二等奖以上（没有这样的成果也可以在毕业前撰文通过认证答辩）的学生，将获得"合肥十中阅读星级奖章"。

"高中阅读乙等证书"和"高中阅读甲等证书"面向所有学生，"合肥十中阅读星级奖章"面向的是阅读成果显著、个性发展明显的学生。阅读评价和高中综合素质评价挂钩，并折算成学分；阅读等级证书将被放入学生档案袋，提供给高考录取方。以评价促进阅读，用评价见证阅读。"合肥十中阅读工作室"与科大讯飞合作开发阅读评价软件，使每个学生的高中阅读经历和成果都得到具体呈现，图文并茂，形式多样，且能随时查看到。

三、阅读"实体化"

特级教师曹勇军认为"我们对物化的环境建设不够重视,太迷信理念和观念",以至于"这么多年下来,讲归讲做归做"。物化阅读环境,是阅读行动的当务之急。我校图书馆是 2015 年建成并投入使用的,建筑理念比较先进。我们根据图书馆的建筑特点精心布置了全新的阅读物化环境,使之成为一个专用的阅读空间,进而实现阅读"实体化"。学校图书馆二楼是"合肥十中阅读工作室"专用楼层,阅读空间布置如下:

图书馆中央有 15 米宽的室内大台阶,从一楼延伸到三楼,我们将之设计为文化云梯。利用 10 面错落有致散布于室内大台阶中形态不一的矮墙,制作"百家争鸣""希腊先哲""三大宗教""盛唐气象""四大发明""文艺复兴""启蒙运动""三大发现""科技革命""文化全球化"等 10 块人类文化成就展板,连点成线,串成人类文化发展简史图说。文化云梯北侧栏杆面对大门,不方便放置展板;南侧栏杆上排列有"徽班进京""桐城派"等 12 块展板,用以介绍安徽典型的文化事件。室内大台阶兼有阅读讲坛和开放式会场的功能,学生拾级而坐(可容纳 300 人),一楼靠近台阶处放几张桌子就是临时主席台,小型阅读活动就可以开展了。

鉴于图书馆空间的开放性,我们分割出"'厚根基'阅读区""'长筋骨'阅读区""'促个性'阅读区""阅读活动区""阅读休闲区"五个区域。五个阅读区依据不同阅读需求及特色布置,物化阅读理念和内容,突出阅读方法和要求,图文并茂,营造浓郁的阅读氛围。阅读区全天开放,教师和学生随时可以在此阅读或开展活动。

阅读休闲区中间两根粗大的圆柱设计为"不周山名人柱",介绍古今中外文化名人。文化云梯突出文化事件,名人柱突出文化人物,相辅相成。

阅读休闲区南墙布置了一块大的白板,名为"阅读留言墙"。学生可以随时在上面写出自己的心声,署名且注明时间,每则留言保留一个月,天天更新,天天补充新留言。

每项阅读活动从计划到总结,都注重资料的收集并整理成册,让阅读过程和结果都看得见、存留住,突出"实体"。阅读"实体化"还体现在校园大环境和教室小环境的阅读氛围渲染上,体现在学校图书馆、阅览室以及班级图书角的布置上等诸多方面。

(本文刊发于 2016 年第 4 期《学语文》,中国人民大学复印报刊资料《高中语文教与学》2017 年第 1 期全文转载,原题为《核心素养下的阅读行动》)

阅读新样态：课程，让阅读随时发生

社会转型时期每个人都在重新认识和理解价值取向，都要寻找自己生存和发展的方向。当前，全民阅读成为社会需求，阅读成为一种生活方式。阅读是所有教育的基础，全民阅读叠加课程改革，教学方式如何进行调整和创新，从而有利于学生阅读力的培养和提高呢？聂震宁先生希望把全民阅读活动做成一种有组织、有形式、有内容的文化样式。高中生升学压力大，学校结合学生学习的环境，不改变学生课堂学习的方式，自然延展、生发出相关阅读课程，建构起多维度的阅读课程体系，让阅读自然地渗透到育人管理体系中，就有可能形成能操作、有实效的学校阅读新样态。

一、聚焦阅读资源，实现阅读新启蒙

更新教育理念、创造性使用教材、开发利用好课程资源是课程改革的趋势，这给阅读教育带来了新的机遇和挑战。学校图书馆有着丰富的阅读资源，且便于开发和利用，应开发图书馆阅读资源，让语文课走进阅览室，这样每个学生就都有了"阅读课"。

学校每周安排一节语文课，让学生走进阅览室，自主阅读种类丰富的杂志，这就是"语文课进阅览室"。以学期为单位，"语文课进阅览室"分为四个阅读阶段：（1）自主浏览。学生走进图书馆，适应图书馆的阅读环境，熟悉阅览室的杂志，凭兴趣浏览自己喜欢的杂志。(2)静心阅读并写读书随笔。学生自主选择杂志，静心阅读，养成"不动笔墨不读书"的好习惯，实现读写一体。(3)分享阅读感悟。读中有听说，听说促读写，学生在交流、分享中寻找志同道合的阅读同伴，进行合作阅读。(4)精读深思。学生选择最喜欢的一份杂志精读，力争读深、读透，读出自己的理解，读出丰厚的成果。

走进阅读室的语文课不再局限于教材和教室，学生在宽松、愉悦的环境中享受阅读的乐趣，学习变成了一种动态的、发展的、极具个性化的创造活动。阅读课出现在课程表上，每周有1个课时，一学期共18个课时，高一、高二两年就有72节阅读课，学生的阅读时间就有了保证，就可能在心里播下爱读书的种子。

条件成熟的学校，还可以利用图书馆的阅读资源开发校本阅读课程，实现由"阅读课"到"阅读课程"的转变。聚焦图书馆期刊资源，根据学生的阅读需要，开发"语文课进阅览室聚焦课程"：(1)学生对所选杂志中精彩的文章力争读透一点，并对杂志进行整体评价；找到兴趣相投的阅读同伴，交流学习。(2)老师设计"哲思睿语""佳题共赏""雏凤新声"等10个阅读专题，学生根据自己的兴趣选择1个或2个专题，精读其文，摘抄精华，做些积累，撰写阅读感悟。(3)成果展评。阅读量统计、学生互评、老师和图书馆管理员评价等，让学生的阅读"看得见"，阅读成果被知晓。

学校也可以综合教材内容以及学生的阅读兴趣和阅读需要等开发个性化的"语文课进阅览室辐射课程"，将教材阅读资源和图书馆阅读资源融合——以某个学期语文学习内容为起点，对教材知识的内在逻辑进行多维度拓展与延伸，开发出校本阅读课程，这是教材内容向课外读物的"辐射"。

图书馆阅读资源的开发和利用，拓展了学习空间，丰富了阅读载体，增强了校内阅读的操作性和实效性，使阅读与教育深度融合的特色更加鲜明。

二、开发阅读课程，占领课程改革新高地

全民阅读的基调是"爱读书、读好书、善读书"，需要公民有相应的阅读兴趣、素养和能力，这和课程改革提倡的整本书阅读一脉相承、同频共振。但学校教育中的整本书阅读，不是有些人理解的读整本的书，而是教学生怎样读整本的书。

整本书阅读是有计划、有组织的，而读整本的书则是无序的；整本书阅读是在极有限的时间和特定环境内进行的，读整本的书则可在人的一生中随时随地进行。整本书阅读是有相对内涵、有边界意义的教学策略，是特定人群有目的性的学习活动，它是通过整体性的阅读来培养阅读兴趣和习惯、形成适合学生的读书方法、提升学生综合素养的阅读活动。有了这样的理解，我们就会明白，鉴于整本书阅读的计划性、统整性、深刻性，对国家课程校本化，开发整本书阅读课程迫在眉睫。

整本书阅读的第一要求是"读懂"。人教版高中语文必修教材明确提出，"阅读《乡土中国》，总的要求是读通、读懂，理解基本内容，并力求触类旁通，掌握学术著作的一般读法"。高中语文课程标准则要求整本书阅读要"探索阅读整本书的门径"，"形成适合自己的读书方法"。贯彻国家课程校本化原则，我们开发了"读懂《乡土中国》"校本课程（如表1-1），帮助学生顺利完成高中第一

次整本书阅读。

表 1-1 "读懂《乡土中国》"校本课程

课时	阅读内容	阅读维度
第 1 课时	读懂序言、后记，激发阅读期待	整体把握，通读全书
第 2 课时	制订阅读计划，自主通读全书	
第 3 课时	把握关键语句，读懂第 1—3 篇	循序渐进，读懂单篇
第 4 课时	抓住核心概念，读懂第 4—7 篇	
第 5 课时	绘制思维导图，读懂第 8—11 篇	
第 6 课时	撰写内容提要，读懂第 12—14 篇	
第 7 课时	梳理大纲小目，透视全书骨架	读懂全书，学以致用
第 8 课时	关注研究思路，树立学术规范	
第 9 课时	开展调查访问，关注当代中国	

（一）整体把握，通读全书（第 1—2 课时）

整本书阅读要有整体把握能力，其突出特点是"整"。相较于单篇，阅读整本书时需要关注出版、编辑学上的意义，如序言、目录、编排、后记等。第 1—2 课时运用"读懂序言、后记""制订阅读计划"等阅读策略，使学生迅速获得对《乡土中国》的整体印象，激发他们的阅读期待，并鼓励他们制订合理的阅读计划，自主通读全书，养成良好的阅读习惯。

（二）循序渐进，读懂单篇（第 3—6 课时）

学术著作阅读的基点是对各篇准确且深入的理解和把握。《乡土中国》收录了费孝通先生在西南联大教授"乡村社会学"时的14篇讲稿,全书14篇文章可分为四个部分,第3—6课时运用"把握关键语句""抓住核心概念""绘制思维导图""撰写内容提要"等阅读策略,指导学生一个部分一个部分地认真读完全书,让他们在理性的思考中体验别样的阅读愉悦。学生通过14篇文章的阅读,学习并把握学术著作常用的阅读策略。

(三)读懂全书,学以致用(第7—9课时)

读懂了每一篇文章,还不能说读懂了全书。要真正读懂全书,必须在逐章阅读的基础上分析各篇章之间的内在联系,从宏观层面理清作者的逻辑思路,把握全书的知识体系,并将阅读内容与现实生活联系起来,了解作品的学术价值和现实意义。第7—9课时着眼"统整",运用"梳理大纲小目""关注研究思路""开展调查访问"等阅读策略,有效实现学生对《乡土中国》的理解及整体建构,并鼓励他们学以致用,真正"读懂"。

以上三个阅读维度不是并列关系,而是递进的,在逐层推进的阅读中深入理解《乡土中国》。本课程还设置了"学习资源"等栏目,拓宽学生的阅读视野,引导学生广泛阅读与《乡土中国》相关的资料,从而真正"读懂"。对学术著作感兴趣的学生,特别是高二、高三选修该课程的学生,可以对《乡土中国》进行专题研究,深入思考中国乡土文化的历史局限和现代意义,激发阅读学术著作的潜能,落实"注重学习'点'的深度"的选修课程要求。

"读懂《乡土中国》"课程适合全体高中生选修:高一学生选修,可以在阅读策略的引领下读懂《乡土中国》,顺利完成语文必修教材上册第五单元的学习任务；高二、高三学生选修，可以对《乡土中国》进行专题研究，个性化阅读，差异性学习，激发阅读学术著作的潜能，从而确定发展方向。

学校教育的核心是课程。"读懂《乡土中国》"是我们开发的众多阅读课程之一。开发阅读课程将阅读纳入学校的课程体系中，打破传统阅读孤立存在的局面，关注学生的阅读技能，这有利于培养学生的阅读思维和能力，提高学生的核心素养和综合素质。

三、整合学生社团，建构阅读活动课程化体系

一个人独自用心阅读是需要的，许多人聚集起来快乐阅读更是发展趋势。随着社会文明程度的提高，个人社会化程度也有提升，传统意义上的少部分人追求顿悟的精阅读已经被多元化的阅读方式取代。"众读"已经不只是读书，还包括感情交流、切磋研讨、携手共进。所以，采用"众读"方式、组建阅读队伍、开展阅读活动在学校阅读中尤为关键。

学生社团往往由学校政教处或团委等行政部门管理，在绝大部分学校都开展得有声有色。对此进行自然延伸，整合出学生阅读社团，或给学生社团注入阅读元素，学校的各种阅读资源就能被充分利用起来。在合肥十中，读书社、朗诵社、文学社、戏剧社、辩论社、红学社等阅读社团如雨后春笋般涌现，学校的阅读氛围一下子热烈起来了，阅读随时发生就有了保证。

读书活动能提振一个人持续阅读的信心，使他养成读书的好习惯，形成阅读力。全民阅读需要阅读活动，校园阅读也一样。有了阅读社团，丰富多彩的阅读活动就有了支撑。参与阅读活动，进行

交流分享，学生能收获远远超出阅读本身的思想启迪。

阅读活动要有计划性、统整性，成体系化、常态化。在学生社团举办的阅读活动的基础上，借助教育主管部门或社会相关机构组织的各种阅读、创作活动，合肥十中于每年 4 月份开展"阅读分享季"活动、10 月份开展"阅读创作季"活动、12 月份举办读书节……诸多具体的阅读活动，点点相连，形成阅读主线，加上图书馆组织的读书活动、班级开展或老师组织的阅读活动、学生基于个人兴趣的阅读等，形成了阅读活动课程化体系（如图 1-1），实现阅读常态化。立体化、课程化的阅读活动能够确保全校学生进行阅读，让阅读贯穿学生整个高中阶段。

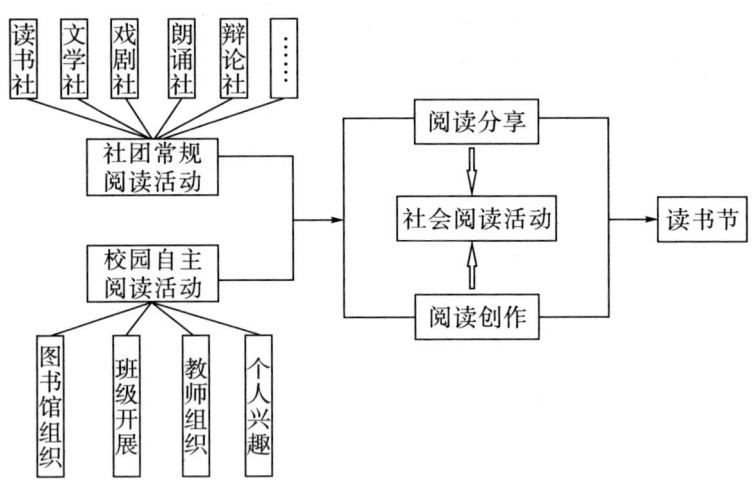

图 1-1　阅读活动课程化体系

处于阅读活动课程化体系末端的读书节可以分享和展示学生的阅读成果，兼及回顾、总结和表彰学校一年度的阅读工作。2022 年我们举办了以"阅读文明，涵养秉性，践行价值"为主题的合肥十中第 22 届读书节，并将之开发成多学科融合的阅读活动课程：

课程目标：(1) 促进学生阅读能力与核心素养的提升，引领学生全面而有个性地发展，推进"三新"课程实施，践行立德树人理念。(2) 理解中华传统文化对世界文化的历史贡献和重要影响，领悟以道路选择、理论指引、制度建构来追求全方位发展与进步的国家层面的"文明"。(3) 借助阅读的自我教育功能推动学生价值观的自主构建，完善自我评价，走向精神自律，促进自我发展。(4) 探索课外读物的使用，推进价值阅读，引领师生将追求文明之光内化为自己的理想信念，促进书香校园建设和文明校园建设。

课程内容：(1) 聚焦文明多样性。围绕物质文明、政治文明、精神文明、生态文明、制度文明等，推荐阅读小说、诗歌、散文等。(2) 探究跨学科阅读。研究并实践语文、政治、历史、地理、英语、数学、化学、信息技术、体育等多学科融合阅读。(3) 融合课内外阅读。用核心价值引领阅读教学，挖掘教材中的"文明"并拓展到课外，开拓阅读视野，引领学生走入社会，参加社会实践。(4) 开展立体化活动。阅读社团及名师工作室组织形式多样的阅读活动，让阅读呈现有长度、有高度、有宽度的立体化样态，深化全民阅读。(5) 形成学术性成果。落实"基于核心价值引领的经典阅读区域推进"和"基于教材和课外读物的阅读课程资源开发和利用"等课题研究，形成阶段性研究成果。

读书节期间，政治、语文、数学、英语、历史、地理、体育、信息技术等 9 个学科的任教老师引导学生阅读《西窗法雨》《文明之光》《数学与人类文明》《体育文明探究》等书籍，学校开展了丰富多样的阅读活动，践行跨学科融合阅读，产生了较大影响。

人才培养模式的转型，带来了教育观念的变革。如何打开学生视野，拓宽其知识面，培养创新思维和创造能力？如何从过度关注"分"走向关注"人"，关注人的素养，关注人的精神发育？这些都是基础教育必须面对的新课题。我们以日常教学为基点，以教材为支撑，以课外读物为突破口，利用社团活动，整合校园阅读资源，开发阅读课程，摒弃低效的阅读环节，突出阅读教育的理性和逻辑性，探索实践可操作、有实效的全民阅读背景下的校园阅读模式。

阅读活动、阅读课程、阅读活动课程化体系，教材、课外读物，课堂、图书馆，阅读社团、阅读资源……这些既相互联系又各自独立，既可全套组合，也可部分组合，还能单独发挥作用。学校根据办学方向及师生的实际情况，进行科学化、结构化、序列化建构，就形成了全民阅读背景下的学校新阅读课程化体系。

（本文刊发于2023年第4期《教育文汇》，2023年第5期《中国基础教育》收录此文，原题为《学校新阅读：课程，让阅读随时发生》）

阅读空间：风景这边"读"好

2016 年，我们贯彻全民阅读和课程改革精神，精心设计、布置了文化云梯、徽道、名人柱、"厚根基"阅读区、"长筋骨"阅读区、"促个性"阅读区、阅读活动区、阅读休闲区等，在学校图书馆内打造了一个凸显育人价值的阅读空间。2020 年，这一阅读空间被安徽省委宣传部评为"十佳阅读推广空间"。

一、文化云梯：徜徉于世界文化云端

图书馆的室内大台阶是宽 15 米的巨大木质阶梯，拾级而上，直达三楼，有穿云之感。木梯旁 10 面形状不一的白色矮墙，展出人类文化史上最突出的 10 项文化成就。徜徉其间，文化成就展板似点点繁星带领我们从远古走来，置身现代，遥望未来……是为"文化云梯"。

精致的文化云梯是阅读工作室的标志性布置。"百家争鸣""希腊先哲""四大发明""盛唐气象""启蒙运动""文艺复兴""科技革命""三大发现""文化全球化"等 10 块文化成就展板最能体现阅读工作室的理念：开放性。阅读从文学层面扩展到文化层面，兼顾人文科学和自然科学。

每块展板用正反两面来展示一项文化成就。正面直接呈现这一文化成就的精髓：或经典著作中的精彩语句，或代表人物的经典语录,或历史评价……有三两段精练的文字,没有任何图片,以蓝天白云为底纹。展板的反面图文并茂,介绍文化成就。用最精练的语言提炼文化成就并突出其在文化史上的地位,阐述其特点,凸显其影响和意义,并配以三四幅图片。展板力求简洁大方、朴素淡雅,为此,展板反面无底纹,尽量选用黑白图片(即使选彩色的图片,也偏向冷色调),用字一律为黑色,以简单字体为主。

展板的反面是对正面的诠释和延伸。点和面,微观与宏观,力求通过一块展板,简洁而深入地向观者展示一项文化成就。

例如,"启蒙运动——人文精神的发展与成熟"这块展板的正面有两段文字:

◇我不能同意你说的每一个字,但是我誓死捍卫你说话的权利。

——伏尔泰(法)

◇自由是做法律所许可的一切事情的权利,如果一个公民能够做被法律所禁止的事情,他就不再有自由了。

——《论法的精神》(孟德斯鸠著)

展板的反面有三段文字,主要内容包括:(1)介绍启蒙运动发生的时间和地点、性质、主张以及代表人物;(2)介绍其历史影响——泽被东西,指出其在现实中的影响——有利于建设现代民主法治社会,实现人类社会的自由与平等;(3)简单比较其与文艺复兴的异同,以突出启蒙运动继承和发展了文艺复兴运动。展板配有4幅图片:葛芙琳女士的沙龙油画、伏尔泰头像、《论法的精神》和《启蒙运动中的法国》的书籍封面。

文化云梯上10块展板的设计思路一脉相承,有助于学生了解世界文化,拓宽文化视野,激发阅读兴趣,提高人文素养,突出合肥十中人文办学特色。

二、徽道：播下一粒故乡文化的种子

在文化云梯的南侧栏杆旁，我们开辟出一条展示故乡文化的徽道——安徽文化长廊，用12块展板展现在文化发展史上影响较大的12个安徽文化符号，帮助学生大体把握安徽文化的脉络——让故乡文化扎根于学生的心间。

文化是联结人们的黏合剂。故乡文化指某一区域的文化，它涵盖该地区的历史地理、风土人情、生活方式、传统习俗、文学艺术、行为规范、价值观念。徽道便是一粒故乡文化的种子。

徽道展示"桐城派""建安风骨""徽班进京"等12个极具代表性的安徽文化符号。与文化云梯上的展板风格一致，徽道上的展板的文字介绍部分用最精练的语言提炼安徽文化符号并突出其在文化史上的地位，阐述其特点，凸显其影响和意义。展板底纹是浅浅的水墨画，以三四张图片多角度展现安徽文化符号，让学生眼中的故乡文化更生动可感。

如"建安风骨"展板上除了有精当的文字介绍，还有杰出代表"三曹"的画像、曹操代表诗作《观沧海》书法照片、建安文人群像等。古籍与名胜齐飞，历史共现代一色！

仅有种子而没有水的灌溉，是不会有参天大树的。12块展板展出的文化符号，与人教版教材的诸篇课文有紧密联系，例如桐城派作家姚鼐的《登泰山记》、方苞的《狱中杂记》都入选了语文选修教材——《中国古代诗歌散文欣赏》。那么，教师对于与文化相关的课文的教授，便是浇灌种子的一泓清泉，这让"略显单薄"的展板"轻而易举"地有了"丰富的血肉"。课文是课内知识,展板是课外链接。有专家曾经说过:"语言文化的学习要诀,就是'课内外'的打通。"以"课内外合力"传播故乡文化,引领学生走近文化名人,咀嚼文化经典,拓展眼界。此外,阅读工作室通过微信公众号推送相关文章,让学生深入了解安徽文化。以新媒体平台传播安徽文化,打破了时空限制,更便捷地向学生讲述了安徽文化故事。通过以上两股文化清泉的灌溉,学生心中的故乡文化的种子自然会发芽、长高,继而变成参天大树。

故乡,是一个人心灵的归宿,心念家乡才会心念社会、心念国家。若一个人心中无"根",那么其精神生活是何等贫乏空虚,又谈何成为国家的栋梁呢?所以,让故乡文化在学生的心中扎根,才能激发他们对故乡的自豪感,继而才能激发他们为故乡、为国家奋斗的精神追求。多年之后,当学生回首在合肥十中的点点滴滴,必定会记得:徽道,是他们心灵休憩过的地方。

三、名人柱:地图上的中外伟人

在阅读工作室"厚根基"和"长筋骨"阅读区前面、休闲阅读区中间,有两根巨大的圆柱,两根圆柱分别选取了中华文化史上璀璨夺目的 12 位名人和世界文化史上卓尔不凡的 12 位名人,布置成名人柱。

东边是中国名人柱,选取孔子、屈原、司马迁、祖冲之、王羲之、吴道子、杜甫、苏轼、汤显祖、曹雪芹、李四光、鲁迅 12 位中国文化名人。为与阅读工作室简洁大方、朴素淡雅的整体布置风格一致,中国名人柱以用线条勾勒出的浅黄色的中国地图为底纹,以黑色线条勾勒出的两条龙来表示长江、黄河，规避彩色的使用。12 位中国名人按历史顺序，从东到西排列在两条龙的旁侧。文字介绍部分以书本为外形，意为他们在中华文化史上所作的贡献永载史册。

西边是世界名人柱，选取荷马、柏拉图、达·芬奇、莎士比亚、达尔文、歌德、贝多芬、雨果、托尔斯泰、泰戈尔、爱因斯坦、海明威 12 位世界文化伟人，底纹是用线条勾勒出国家、洲际、海洋等的浅蓝色世界地图。每位伟人的名字被置于自己祖国所在的位置。文字介绍部分仍以书本为外形，同样意为他们在世界文化史上所作的贡献永载史册。

名人柱位于合肥十中图书馆正大门入口处，具有浓厚的文化氛围。学生一走进图书馆，就会被这些文化名人的光芒所感染，不禁想去书海中领略他们的风采。如此启发学生在潜移默化的状态下主动、自觉地去读才会真正有效果，对他们也更有受用终身的益处，这也是阅读工作室的追求。

四、"厚根基"阅读：提升学生的阅读素养

《论语》云："古之学者为己。"孔安国解说："为己，履而行之。"二程解读："为己，欲得之于己也。"合肥十中的语文阅读正是实践这样的一条"厚己"之路。以核心素养为纲的高中语文必修教材是"厚根基"阅读的基础。"厚根基"阅读突出基础性，侧重于语文核心素养整体结构的基础层面——"语言建构与运用"，以便夯实学生的阅读根基。

在学校图书馆二楼约 50 平方米的"厚根基"阅读区里，我们

精心营造阅读氛围,强调自由和放松,打造特色文化空间。该区域的中间设置有一个树根型大展台,延伸的根系上摆放着不同阅读项目的代表性书籍或学生阅读成果报告。

"厚根基"阅读针对的是高一的学生,目的是帮助学生提高"语言建构与运用"能力,培养良好的阅读习惯。阅读环境是基础,环境的建构只是手段,在阅读实物化的创设和氛围营造下,我们更关注怎样充分发挥教师的优势,对阅读课程进行设计,让学生进行大量自由式阅读,有目的地提高学科素养。

(一)语文课进阅览室

自由式阅读。自由式阅读不是无目的阅读,而是学生在选择读什么书、怎么读上有着极大的自由。高一上学期,教师引领学生走进阅览室,并介绍阅览室的报刊种类和分布情况,明确"语文课进阅览室"的基本要求,指导学生阅读报刊和做读书笔记。读书笔记的主要内容包括标题、精彩语段、源自哪份报刊等。学生在课堂上主要是阅读和摘抄,课下撰写读书心得。每周一检查,每四周一小结。小结要求各小组把读书笔记的精彩部分整理出来,并在小组间交流。

专题式阅读。高一下学期,教师带领学生走进图书馆,介绍图书馆的布局和藏书情况,明确"语文课进图书馆"的基本要求,指导学生进行专题阅读和做摘记。如人物传记阅读摘记内容包括:(1)记下这节课你阅读过的人物名字、其朝代或国籍;(2)用100字左右记下他的成就;(3)记下一两句你最欣赏的传世名言,撰写读书心得。每周一检查,每四周一小结。小结以课堂展示或写作的形式进行。

小组合作式阅读。根据学生喜欢阅读的杂志，对学生进行分组。如《读者》阅读小组、《格言》阅读小组、《小小说》阅读小组、《美文》阅读小组。

探究式阅读。我们根据语文学习特点设计了"白璧有瑕""熟语词典""诗雨缤纷""我读名言""名句选编""哲思睿语""资学通鉴""佳题共赏""语段精品""美文管窥""开心辞典""咬文嚼字""校园新语""他山之石""书香一缕""评头论足""心有灵犀""世说新语""雏凤新声""牛刀小试"20个专题，印制专用卡片、专用稿纸，学生定期展示阅读成果。

（二）阅读在班级

（1）在高一年级部分班级开展书柜进班级活动。发动学生自发捐助优秀图书，供大家借阅。

（2）布置教室。班级的墙壁、黑板围绕读书进行个性化布置，开辟班级图书角，营造读书的氛围，激发学生读书兴趣。

（3）每个学生拟定好自己的读书格言，并制作成书签。

（4）要求学生写读书心得和读书报告。

（5）设置班级个性化藏书架。图书管理员要统计藏书，并采取个人每月换一本、向学校图书室借阅的方法不断丰富藏书量。

（6）开展班级特色阅读活动。①设置每天半小时的学生课外书阅读时间。②利用课前三分钟，让学生讲成语故事、背诵古诗或朗读优美的段落。③利用班会时间，举办"好书推荐""名人名言背诵""我最喜欢的……""诗歌朗诵"等活动，让学生交流在读书活动中的感受。

（7）在日常的读书活动中，教师根据每个学生的读书量、读书态度、参加交流的成果进行评价，评选出班级"读书之星"。

（8）期末以阅读小组为单位开展以"读书"为主题的班会活动，展示学生读书成果。

（三）阅读在家庭

（1）全家同读一本书，交流不同的感悟。
（2）"我的书斋我做主"，制订购书计划，展示书橱。

（四）基于学科素养的阅读

除语文以外的数学、英语、政治、历史、物理、化学、生物等学科的教师撰写或推荐能够提高学科素养的阅读材料，并引导学生阅读，初步培养学科思想，从而融通价值观、思维力和创造力，提升跨学科的核心素养。

"厚根基"阅读立足于基础性阅读，致力于提高学生的阅读素养，为高二的"长筋骨"阅读和高三的"促个性"阅读奠定坚实的基础。

五、"长筋骨"阅读：空间设计凸显馆藏功用

"厚根基"阅读让高一学生得以广泛涉猎书籍，学生在高二时进入了更深层次的延伸阅读阶段——"长筋骨"阅读。

图书馆二楼有约 50 平方米是"长筋骨"阅读区域。我们精心设计，打造了集"文化""素养""阅读""参与"多种理念于一体

的多功能阅读区，帮助学生更好地理解并践行"长筋骨"阅读，充分发挥学校图书馆的馆藏功用。

（一）文化为先——背景墙设计

文化是联系"情"和"景"的纽带。学生只有融入阅读环境中，才能感到舒适和愉悦，实现与作者的共鸣，从而获得良好的阅读体验。所以我们围绕阅读的核心理念，精心设计了主背景墙，营造出文化氛围。

背景墙的左下方是一棵大树，树下兔子形的小人手里拿着一截树枝，向着天空仰望；正上方是个飞起来的女孩，长发飘动，身后有一片森林，有鸟儿和朵朵白云围绕在女孩的身边。背景图的寓意是：徜徉在知识的森林中，阅读让思维插上翅膀。

（二）核心素养——展架布置

福建师范大学基础教育课程研究中心主任余文森教授认为："核心素养是最基础、最具生长性的关键素养，就像房屋的地基，它决定房屋的高度。核心素养的形成具有关键期的特点，错过了关键期就很难弥补。"核心素养体系在课程改革、立德树人目标上具有基础地位，核心素养注重社会参与、自主发展、文化修为三个大的方面，可以通过自主、合作创新的方式引导学生达到更高的境界。鉴于此，"长筋骨"阅读区布置有经络型展架，体现"素养为核"的发展理念，给学生一目了然的直观印象。学生可以随时在展架上悬挂、粘贴自己的阅读感想、心得等。

由于该区域涉及"基于学科素养的阅读"之延伸阅读，所以给了学生选择多学科书籍的余地。北师大肖川教授认为:"要为素养而教,如果过分地注重本学科的知识与内容、任务和要求,这样将十分不利于培养视野开阔、才思敏捷并具有丰富文化素养和哲学气质的人才。"这块区域利用墙面空间设置几个小型的树形书架,书籍分为自然科学和人文科学两种类型,教师依据本学科特点推荐相关图书,践行"大阅读"理念,打破学科的界限。

(三)阅读为重——功能区划分

根据学生不同的阅读需求和不同的专题划分不同的功能区,每个功能区都为阅读服务,互相独立又彼此联系。

(1)提供 6 组圆桌,每组圆桌配 6 把椅子,供多个小组同读。这一功能区可容纳的人数比较多,可以设计为核心素养阅读区。"专业方向阅读""读一遍读不懂之书""名著阐释性之书"都需要学生之间互相讨论,因此设置圆桌是为了在阅读中随时讨论。

(2)提供 4 组弧形长沙发,每组沙发可供 6 人坐,设计为兴趣爱好阅读区。弧形沙发能够有效节约空间,且能形成半包围的结构,让阅读的学生感到既有独立空间又有集体温暖。

(3)提供若干可自由组合的椅子,方便学生利用剩余的空间进行阅读,可以两个人自成一组,也可以多人成组,这个适用于需要进行实践调查的阅读,如传统文化阅读研究等。

(四)参与为主——成果展示

学生的阅读成果需要及时展示,成果的展示能够提高学生的参与积极性,而且成果的展示是我们实践核心素养理念、完成"培养什么样的人"的任务的根本方式。我们将成果分为两种：

（1）作业式。阅读小组将自己的阅读成果以读书报告的形式提交。在成果展示区设立两块大黑板，展示优秀的作业。

（2）汇报式。在教师的指导下以话剧表演或者演讲的方式来汇报自己的阅读成果。对于表现突出的个人或者集体给予表扬，在陈列区展示其阅读成果。

"长筋骨"阅读区与其他的功能区在理念上既一脉相承又自有特色。通过规划设计，让阅读区变成小型"悦读"书屋，学生彼此之间可以进行交流，阅读区成为小型的阅读交流场所，充分发挥图书馆应有的功用。

六、"促个性"阅读：贵在"读出自己"

语文课程标准明确指出"阅读是学生的个性化行为"。所谓"阅读个性化"，是指学生通过对文本的体悟、感受、理解，"读出自己"，即学生在阅读时用自己的情感、经验去阅读作品。"读出自己"是一种偶然间迸发的灵光乍现式的创造性思维活动，这就是学生对作品的个性化理解。

学生对文本进行个性化阅读，更容易唤起其求知欲、思考欲与好奇心，他们主动地把阅读到的外在知识转化为自身内在的素养，进行自主性的知识建构，进而把"无知识"（不是知识的缺乏，而是知识的空缺的表现）转化为"有知识"。正因为填补了"无知识"的空缺，阅读所建构的知识才能"转知成智"，呈现"全人格"的个体特征。

(一)"促个性"阅读的特征

(1) 阅读主体的自主性。真正有效的阅读,必须依靠阅读者全部的心智和情感活动,阅读者通过对书面符号的感知和理解,达到阅读的目的。这种具有很强的个性化的活动,决定了阅读只能是学生自己的事,任何人都无法越俎代庖。教师的职责是营造有利于学生阅读的环境,让学生直接面对文本,主动地读、专注地读、兴致勃勃地读……学生的自主性越强,积极性越高,其收获就越多。

(2) 阅读实践的探究性。文本提供的信息除了字面意思之外,常常还有更深层次的信息,这些隐含的信息需要读者去发现、去破解。而学生由于受到心智水平、认知经验的限制,在发现、破解的过程中会遇到许多的疑难和困惑,尤其是当文本所表述的情感态度、价值观念与学生的阅读期待不一致或相矛盾时,其疑问和困惑就更为突出,成为阅读理解的障碍,这就需要学生进行分析、推理和探究。在对问题的探究、解决中,学生的文学素养、实践能力和创新精神也能得到提升和发展。

所以,"促个性"阅读是让学生在阅读中"读出自己"的一种方式。

(二)"促个性"阅读的策略

(1) 批注阅读。批注阅读强调的是学生在独立阅读的过程中,对文本的语言文字进行感知,在思考、分析、比较、归纳的基础上,用线条符号或简洁文字标记对文本的内容、层次、思想感情、表现手法、语言特点、精彩片段、重点语句等的认识。鼓励学生想到什么就写什么,爱怎样批注就怎样批注,凸显阅读的自主权。

批注阅读是实现个性化阅读的非常有效的方法,学生有感而发,有疑而注,有得而写,满足了个体学习的需要,促进了个性品质的发展。

(2)反思阅读。此阅读过程就是学生自我把握、自我调控的过程,是学生培养个性阅读能力、养成良好的阅读习惯的有效方法。它重视学生依据自己的阅读期待来强化阅读反思,在自我反思、调控中不断修正自己的不足,优化自己的阅读行为。

(3)螺旋阅读。从心理学的角度看,阅读是从书面符号中获取意义的复杂的心理过程,要经历感知(看到文字,读出字音)、理解(把语词转化为意义)、反应(领会作者说的是什么)、综合(与实际情况相联系)四个阶段。"促个性"阅读注重的不是阅读的"量",而是思维能力的提高、阅读品质的提升。

正如曹文轩教授所言:"一个好的读书人,读到最后会有那样一个境界:知识犹如漫山遍野的石头,他来了,只轻轻一挥鞭子,那些石头便忽然地受到了点化,变成了充满活力的雪白的羊群,在天空下欢快地奔腾起来。"

"促个性"阅读带有强烈的自主意识和浓厚的个性色彩,学生在"促个性"阅读区域这样一个开放的空间里"读出自己",这也催生着个性的种子破土而出、茁壮成长。

七、阅读活动:一种生活方式

高一上学期的朗诵会、高二下学期的读书征文比赛、每年一届的合肥十中阅读论坛,这三大阅读活动是学校的传统阅读活动,都可以在阅读活动区域展示。图书馆二楼开放式的阅读活动区域将更注重通过开展阅读活动的形式"将阅读作为学生的一种生活方式,将之与成长方式相结合",使个性化、生活化、常态化的阅读活动成为师生的一种生活方式,连线成网,让阅读因多样化而焕发活力。

我们以"五行"来诠释从阅读活动区中细分出的五个功能区域。

(一)"金"——学生 Talk 秀区

"雏凤金声"这一区域主要是为那些有一定阅读积淀、需要通过语言分享阅读感受的同学提供方便。他们可以采取"系列评书"的形式,将自己阅读的作品演绎成一种打上个人烙印的"有声读物";也可以采取"小讲坛"的形式,将自己的阅读心得,通过系列讲座分享给自己的同学;还可以将阅读体验与生活体验相结合,编写成"段子",说上一场脱口秀……总之,我们希望学生在阅读之后,发出自己的声音,创造出更多的富有特色的"有声读物"。

(二)"木"——国学体验区

在这个功能区里,学生们可以体验抚琴吟诵、书画创作、茶道花艺等国学文化。国学繁复博杂,犹如参天古木。这一个区域的设置,就是以古香古色的环境和鲜活生动的情景,让国学之美被更多的学生关注,吸引学生参与,促进学生去更深入地阅读国学书籍,掌握更多的国学知识,甚至使国学的根茎深深地扎进学生的内心,以雅化其言谈举止,提高其内在涵养。

(三)"水"——读书漂流区

受"曲水流觞"理念的启发,漂流区被做成椭圆形的大型桌案。桌案最外围有一条绘出的河流,漂流书籍陈列其上。桌案的中心区域贴有"漂流原则"。与书籍一同被放在漂流区的还有学生自制的书签,书签上有学生的阅读心得,可以是一段话,可以是一幅画……简单的读书心得,却十分珍贵。漂流区的墙面背景选取繁星点点的银河墙纸,呼应漂流桌案上的河流,学生可将自制书签悬挂在背景墙上。读书漂流活动通过"以书换书"的形式,将每个人选出的好书分享给更多人。

(四)"火"——阅读沙龙区

这个区域主要适用于完成读书任务,比如"每月共读一本书"的活动就在此开展。有意愿的学生可以根据教师提供的当月书目,到图书馆借阅相关图书,或从校园网站上下载电子书。读书沙龙是师生在共同阅读一本书后进行问题讨论和思想碰撞的一种形式。该区域以拉斐尔的《雅典学院》作为背景,启迪师生们以希腊先哲为榜样,在这个区域中侃侃而谈,激烈争辩,碰撞出思想的火花,收获更多的阅读果实。

(五)"土"——成果展示区

黄土因沉淀而厚重。各种丰富多彩的阅读活动开展后,必然会产生相应的阅读成果,这便需要一片展示区域。这个活动区就为师生记录阅读足迹、呈现阅读硕果、表彰优秀阅读人物提供了展台。

北师大顾明远教授曾说:"没有兴趣就没有学习。"对于天性烂漫的学生和冗事扰心的教师而言,丰富多彩的阅读活动不仅能激发其阅读兴趣,还能激扬文字、碰撞出思维的火花。于是,阅读自然而然地成为每一位合肥十中人自觉的生活方式。

(本文刊发于 2016 年第 4 期《合肥教育》)

第二部分
"厚根基"阅读:自觉读·提升阅读素养·基础性

开发阅读资源,为学生终身发展"厚根基"

21世纪的基础教育要培养学生在未来瞬息万变的社会中的生存能力,全面推进素质教育,培养主动发展和具有终身学习能力、能适应时代要求的新人,这是新时代提出的新要求。真正的教学不是简单的"知识灌输"或"知识移植",而是学习主体(学生)和教育主体(教师,包括环境)的交互过程。实施以创新精神和实践能力为重点的素质教育,重点是改变学生单纯地接受教师进行知识传输的学习方式,帮助学生在接受知识的同时,形成一种对知识主动探求,并重视实际问题解决的积极的学习方式,使被动的接受式学习变为主动的探索性学习。

语文学习与数学、物理等学科学习的最大不同点在于:它需要一种语文的氛围,需要一种潜移默化的环境。因此开发阅读资源、构建开放性学习环境对语文学习尤为重要。

开发阅读资源,通过教学的各种契机和巧妙的结合点,把语文学习同生活结合起来,构建开放性学习环境,使学生能够自我获取知识、自我形成能力,让学生自己进入发展状态,去不断提高自己、完善自己,还阅读应有状态,还素质教育灵魂。正如李镇西所言:语文教育"要把学生引向丰富多彩的社会生活——离开了生活的语文教育是无源之水的'死教育'"。

一、课程标准指出：语文素养是学生学好其他课程的基础，也是学生全面发展和终身发展的基础

《普通高中语文课程标准》突出强调学生应该在"积累·整合""感受·鉴赏""思考·领悟""应用·拓展""发现·创新"五个方面获得发展。没有多样丰富的学习资源，学生的创新精神和创新思维就难以培养起来。"语文课进阅览室"这样的开发阅读资源行动，不仅发展学生的语文能力，而且在过程和方法、情感态度和价值观方面都将使学生得到发展；不仅为学生的语文能力打下基础，而且为他们的终身发展"厚根基"。

(一) 学生人文素质的提高主要靠熏陶感染

季羡林先生曾说：西方的思维模式以分析为主，中国的思维模式以综合为主。学习语文不能靠语法分析、教师讲解，而要注重培养学生语感。"语文课进阅览室"提倡学生回归自然阅读状态，尊重学生在阅读中的主体地位，鼓励学生探究适合自己的学习方法和策略，体现了课程标准的要求。

课程标准提出："让学生更多地直接接触语文材料，在大量的语文实践中掌握运用语文的规律。"在阅读室，扑面而来的关于读书的名言警句，静谧的环境，四溢的书香，自由的阅读方式……开发丰富的阅读资源，学生能迅速进入读书状态，融入文章的意境中去；主动感知文章，体验感情，品味妙处，陶冶情操，汲取精华。

作为老师，对学生要做出全面、系统、准确的分析、评价，把握学生的阅读兴趣、阅读量等信息，才能有效地开展相关的研究工

作。借学校组织开展研究性学习活动之契机，我们开展了与之相应的阅读类课题研究。一方面借助阅读类课题研究在学生中营造一定的阅读氛围；另一方面激发学生主体探究能力，引导学生制订阅读调查表、收集调查结果、分析调查内容、形成调查报告。学生通过调查、分析，更深刻地理解阅读的迫切性，为我们进行下一步的阅读研究和教学打下了良好的基础。

（二）重视学生的学习过程与阅读方法

课程标准要求学生适应终身学习的时代要求，积极致力于学生学习方式的改变。将语文课堂拓展到阅览室，学生能够在阅读中与他人（语文老师、图书馆管理员、同学等）合作，在遨游书海中提高语文综合素质，养成良好的学习习惯（如做读书笔记，借助阅读解决生活、学习问题，合作学习，等等）。这不仅是语文学习方式转变的具体表现，而且为学生学会学习提供了可能。

学生怀着好奇心走入阅览室，在注意和期待的心理驱动下，主动地阅读、探究。从心理学的角度说，这时的学习不再由一种异己的外在的力量来控制，而成了一种发自内心的精神解放活动。这不正是教师所期待的理想阅读吗？

"学会"，重在接受知识、积累知识，以提高解决当前问题的能力，是一种适应性学习；"会学"，重在掌握方法、主动探求知识，目的在于发现新知识、新信息以及提出新问题，是一种创新性学习。现代学习方式是由许多具体方式构成的多维度、多层次的开放系统。课程标准把语文课程的教学目标规定为知识和能力、过程和方法、情感态度和价值观三个方面，就要求教师开发丰富的阅读资源,变单一、被动的语文学习方式为自主探索、全面交流和操作实践等多种学习方式,促进学生创新意识的养成与实践能力的发展。

(三) 把学生的阅读和学习引向广阔的社会生活

课程标准要求我们培养学生的课程资源意识。语文学科的课程资源是很丰富的,自然山水、人文景观都可以成为阅读资源,学生在日常生活中的所见所闻也可以成为学习语文的资源。只有与生活密切联系,学生学习语文才有兴趣和激情。开发丰富的阅读资源,一方面鼓励学生乐做精神世界的"美食家",善于汲取人类宝贵的精神财富,丰富自己;另一方面重视引导学生做感悟生活的有心人,成为感悟生命的思想者。在自主阅读、探究阅读中实现学生的全面发展。

我们今天倡导的学习"指向于培养个性健全发展的人,它首先把学生视为'完整的人',它把'探究性''创造性''发现'等视为人的本性,视为完整个性的有机构成部分,而非个性割裂的存在"。把学生的语文学习引向广阔的社会生活,建构开放且富有创新活力的语文课程体系。

二、课程标准要求教师更新观念、提高修养

"'语文课进阅览室',学生成了学习的主角,老师该干些什么?"2003年6月13日,《光明日报》报道"语文课进阅览室"时将教师的作用概括为"要为学生自主学习当好导演"。其实,"导演"的说法并不十分准确,因为课程标准不仅要求教师及时转变角色,更要求教师更新观念、提高修养。

新课程标准下,教师作为学生唯一知识源的地位已动摇。学生获得知识的渠道多样化了,教师在传授知识方面的职能也变得复杂化了,教师成了学生学习的激励者、辅导者,以及各种能力和积极个性的培养者。

(一) 教师是阅读活动的组织者和合作者

凭着学生浓厚的兴趣及高中生已有的基础,组织学生在阅览室正常阅读并非难事。但阅览室里的阅读,虽不刻意追求获取知识的系统和完整,可它毕竟是语文课,不同于一般的消遣阅读,与茶余饭后的浏览更有本质的区别。不管语文课程怎么进行改革,都必须将语文知识的积累和能力的培养确定为语文素养长久性发展、提高的主线。

"阅览室里的书太多了,我们却不是有时间慢慢欣赏的人。有时今天看这本书,明天又看另一本书,总觉得有点乱。有时为了找一本合适的书要花上很长时间。"

"想想自己进阅览室以来,始终很盲目,看的书不少,但没有什么实在的效果,顶多一时心动、感慨或惆怅,而后便抛至脑后。有时心里感到空荡荡的,不踏实。"

以上是学生对阅读的反思。教师当然乐见——学生难得有这样的反思,转变学习方式初见成效。同时,看到学生读书急躁、不得要领,我们也感到开发阅读资源任重而道远。

结合学生的实际,我们进一步引导学生选择一种最喜欢的杂志,用一段时间集中精力阅读,力争读透,对其中的精彩文章能分析出一二,并能够对杂志作出恰当的评价。我们还引导学生自由组合成不同的阅读小组,如《读者》组、《思维与智慧》组、《萌芽》组、《小小说》组、《散文》组等,由组长根据具体情况组织大家读书、交流、探究,创造性地开展相应的活动。教师需要通过读书笔记来了解学生的读书动态,并与学生交流。教师对学生的因材施教,既通过与学生交流读书笔记来完成,也通过面谈来引导学生。

(二)开发阅读资源,引导学生跨领域学习

有人担心:阅览室里报刊那么多,对阅读内容不加限制,如果学生不读语文方面的文章岂不是达不到语文学习的效果?——简化头绪,侧重综合和实践,体现语文源于生活、应用于生活。阅览室里的语文课正是在这个层面上强化着语文学习。

开发阅读资源,打破了语文教学原有的封闭状态,把学生置于一个动态、开放的阅读环境中,尊重学生的学习利益和成长利益,为学生提供了多元、综合学习的机会,促使学生用适合自己的方法学习,培养了学生的信息素质(这是语文综合素质的一个方面),提升了语文的实用功能。

比如,有个学生在阅览室里读《地理学报》,作了这样的摘录:"王维《鸟鸣涧》中'夜静'而'月出',指的是下弦月。农历二十二、二十三的月相,月亮位于以西的天空,半夜出,中午落。"就阅读而言,他此时在进行语文学习,但同时加深了对地理知识的理解,事实上是综合学习,事半功倍。

21世纪,人们谋求科学世界向生活世界的回归,实现科学世界与生活世界的融合已成为一种重要的时代精神。因此,课程标准打破学科中心论,强调综合性、跨学科、跨领域学习。过分关注学

科，过分强调学科的独立性和重要性，是学科本位论的表现。从实践层面讲，以学科为本位的教学是一种"目中无人"的教学。

过于强调语文的中心地位，与其他学科隔离，各自为战，无疑将削弱语文课程的综合性和工具性，必然导致语文学习的事倍功半。开发丰富的阅读资源，让学生在自主阅读、探究阅读中实现全面发展，就能帮助学生全面提高语文素养。

（三）开发阅读资源，促进教师成为教育教学的研究者

在探索实践过程中，总是会出现和遇到各种新问题，这些问题可能是过去的经验和理论难以解释的。开发阅读资源，教师必须以研究者的心态将自己置身于教学情境之中，以研究者的眼光审视和分析教学理论和教学实践中的各种问题，对自身的行为进行反思。

在丰富的阅读资源中，我们很容易找到较佳的切入点，将头脑中的理论整合和内化，再反复实践，较快地转变教育观念，适应时代要求。如此，教育理念不再是空泛的，而是有实质性内容的。

为进一步了解现代化社会对教育的需求，教师要研究语文教学应如何适应不断发展的社会需求，力求让语文教学跟上不断发展变化的时代步伐，让语文教学走进生活、走进时代。教师以先进的教育观念指导语文教学，重视并卓有成效地研究探究性学习。在开发阅读资源的过程中，教师要不断提升自身理论素质和业务水平。

只有开发丰富的阅读资源，才能让学生感受、理解知识产生和发展的过程，才能培养学生收集信息、获取新知识、分析解决问题、语言文字表达、团结协作等能力，素质教育才能落到实处；只有开发丰富的阅读资源，才能丰富语文学习内容，学生才有机会学

会收集、整理、归纳、分析资料，学会处理信息，课程改革才能出成效；只有开发丰富的阅读资源，语文学习才能密切联系社会生活，才能开发现实生活中的语文教学资源，课程标准精神才能得到贯彻。

(本文刊发于 2008 年第 12 期《中学课程辅导·教学论坛》)

阅读课堂化：语文课进阅览室

《中国教育报》是 2003 年 6 月报道我们的"语文课进阅览室"的，而我们在"为未来而读·2013 阅读论坛"上介绍"语文课进阅览室"已经是 2013 年 9 月了。十年过去了，世界变化很大，教育也与时俱进。本文结合现今形势解说"语文课进阅览室"，是希望借此给目前的阅读研究一点启发。

今年（2013 年），第十次全国国民阅读调查结果公布，"全民阅读立法"被列入 2013 年国家立法工作计划……"阅读"成了全社会关注的焦点。江苏省张家港市教研室教研员蔡明认为："教育从阅读开始，教育就是阅读。"北京师范大学郑国民教授表示："对语文教育而言，把阅读提高到关系一个国家未来、民族前途和未来公民素质的高度，一点也不为过。重视培养学生的阅读能力，是一个国家教育发展的战略选择。"阅读行动已成星火燎原之势，"语文课进阅览室"就是一种行之有效的阅读行动。

一、比"量"更重要的是每个学生的阅读体验

其实语文教学一直强调阅读的重要性。《普通高中语文课程标准》要求"学生在三年中阅读总量不少于 150 万字"。为了这 150 万字的阅读总量，专家推荐了花样繁多的书目，出版社发行了形形色色的读物。结果是专家之间争论不休，学生对传统经典不买账，

教师能够指导学生阅读的空间依然非常狭窄。这让社会各方面人士都倍感无奈。

我们认为，可以把课程标准要求的阅读总量理解为一种目标，不必过于较真（很多学生的阅读量远远低于150万字也顺利地毕业了）。比较而言，让学生在高中阶段有良好的阅读体验，激发他们的读书兴趣，让他们掌握一定的阅读方法更为迫切。"人要读书，读佳作、读精品，精神才能成长，才能真正脱离爬行动物的状态，成为有脊梁骨、有精神支柱的人。"教育学者于漪的这段话指出要培养学生的阅读习惯，因为读书是一辈子的事，"150万字"无法让学生成为"有精神支柱的人"。

那么，如何推动高中生的阅读？我们的"语文课进阅览室"是基于下面两方面来考虑的。

第一，阅读课堂化。合肥十中地处城市经济相对不发达的合肥市东部，大部分学生家长对教育的评价以及家庭教育行为本身存在功利现象，在教育中忽视人文素养的现象比较突出。学生的基础、家长的态度、周边的环境等都不支持学生3年阅读150万字。对大多数学生来说，150万字的阅读总量并不实际。另外，我们坚信培养学生的阅读习惯，必须面对每一个学生，而不仅是爱好文学的学生。因此，推动高中生的阅读不能指望课外时间，需要将阅读课堂化：利用课堂时间，整合学校丰富的图书资源，让每一个学生都能在读书实践中培养阅读习惯，掌握阅读方法，获得终身发展所需要的能力。

第二，选择杂志切入。《普通高中语文课程标准》指出："阅读材料包括适合高中学生阅读的各类图书和报刊。"从实际出发，我们选择时代感强、生活气息浓、学生易于接受的杂志。这样,不仅不会因为阅读内容的艰深影响阅读的推进,与生活接轨的阅读内容还能大大激发学生的阅读热情。

"走进阅览室,书架上各种各样的杂志把我们牵入了另一个世界。这个世界很静,静得让我们忘却心中的任何挂念。我静静地坐在一个角落,静静地去品味每篇文章、每一句话,甚至每一个字,沉浸在书的世界中,感受着书带给我的那份心旷神怡!"

这是走进阅览室的学生发自内心的惊喜。每周一节课,一个学期18节课,高一、高二两年72节课,基本保证了每个学生都有真切、深刻、丰富的阅读体验,我们认为这是更有意义的阅读贡献。

二、"语文课进阅览室"的关键词:兴趣、指导、交流、坚持

"语文课进阅览室"办了有十多年了,来自不同学校的教师和我们交流时,普遍关心的一个问题是在阅览室如何指导学生阅读。

"阅览室内的倒计时45分钟似乎是以光速计算的,下课的铃声已在催促大家了,但每个人的脸上都写满了意犹未尽。于是我们开始期待,期待下一个倒计时45分钟。"这是学生杨晓娟的心声。

阅览室中的杂志五花八门,各种各样,并不是每一本都值得去阅读,至少有些杂志没那么大的价值。起初进入阅读室,学生个个都像无头苍蝇,在偌大的阅览室里漫无目的地浏览,无法找到一个具体的方向,不能专注于某一种杂志品读,语文学习没有明显进步。

大约一个月后,善于思考的学生就在读书笔记中开始反省了,这也是我们开始探索"语文课进阅览室"的契机。"语文课进阅览

室"不拘一格，学情不同，教师的风格迥异，可以选择不同的指导方法，下面介绍两种基本的课堂开展方式。

（一）小组合作阅读

在阅览室，我们适时引导学生选择一种自己喜欢的杂志，集中时间和精力阅读，对其中的精彩文章力争读透，并试着对杂志作出自己的评价。把阅读同一种杂志的学生分在一个小组，每组4—7人（如果喜欢某种杂志的人偏多，可以分成两个组、三个组，有的杂志可能只有一个学生阅读，如果他坚持，可以一个人一组）。这样，学生有了兴趣相投的同伴，也有了归属感。

小组合作阅读时，学生在小组内交流读书笔记，组长对组员的阅读感悟进行整理，以小组为单位编写读书报告并在班级里交流。教师通过读书笔记了解学生读书动态，及时与学生交流——或在读书笔记上进行书面交流，或适时面谈交流。

当学生的阅读深入了，对杂志的了解更多了，对阅读同伴的读书情况也熟悉了，可以调整阅读小组，重新组合。在调整后的小组内，学生根据自己的喜好确定具体的阅读思路，组长根据具体情况组织大家读书、交流，还可以创造性地开展相应的活动。

（二）专题阅读

根据"语文课进阅览室"的阅读需要，我们设计了10个小专题（如表2-1），学生任意选择一个合适的切入点，精读其文，摘抄精华，做些积累，写点感悟。

表 2-1 "语文课进阅览室"专题学习表

专题名称	温馨提示
熟语词典	收集报刊中的熟语，写出原句，标明出处；查阅资料为熟语作出准确的解释，然后造一个漂亮的句子。
哲思睿语	摘抄报刊文章中的名言名句、有哲理性的语句，标明出处，附上简短的感悟或赏析性文字。
资学通鉴	摘抄报刊文章中和课文作者、内容等相关的资料，或对课文有新的见解、赏析性的文字，别忘了标明出处。
佳题共赏	摘抄报刊中好的文章题目，标明出处；从修辞等方面入手写点赏析性文字。
语段精品	摘抄报刊文章中的优美文段，标明出处，语言运用角度的鉴赏文字不可少。
咬文嚼字	收集报刊文章中炼字的经典例句，标明出处，撰写赏析性文字；搜集报刊文章中的错别字和有语病的句子，纠正并分析错误原因。
书香一缕	向同学推荐你喜欢的文章，并用有文采的语言写点推荐语。
世说新语	对报刊文章中的观点如有不同意见，请用语言表达你的见解（先录下原始材料，再谈自己的见解）。
心有灵犀	把自己读报刊时的感悟写成文章（感悟对象若是语段，请原文再现；若是某篇文章，则应有使人明白的介绍文字）。
雏凤新声	不甘于阅读别人的文章，有创作投稿的欲望了吗？请挑选比较满意的作文，与同学交流后修改，向心仪的报刊投稿。

在阅览室里更多的是合作学习，除了和语文老师合作，还要和图书馆管理员合作，当然更多的是与同学合作。小组合作阅读时学

生在组内交流读书笔记，还可就某个问题进行讨论交流；专题阅读时学生就同一专题进行交流，不同专题也可互相借鉴……除此之外，我们还专门设计了"语文课进阅览室"交流平台——一本简略版杂志，半月一期。杂志的主要栏目有《荐杂志》（推介某种杂志）、《知类文》（通过在阅览室潜心阅读某一类型的文章，能够了解这种体裁）、《赏奇文》（奇文共欣赏，推荐自己读到的精彩语句、语段）、《谈方法》（交流有效的阅读方法，具体的方法更受欢迎）、《说感悟》（交流自己的阅读收获）。每个栏目设主持人（轮流担任，确保每个学生都有锻炼机会），主持人批阅同学的读书笔记，挑选精彩的内容进行编辑，也可以向学生约稿或接受学生主动投稿。不同栏目的主持人相互合作，分工不分家，层层把关，确保交流平台的质量。

学校长路文学社的社刊《园中葵》，为"语文课进阅览室"构建了一个更大的读书交流平台。该刊每学期两期，全部刊登学生的读书笔记等阅读相关文章。用交流规范"语文课进阅览室"，用交流提高学生的阅读品质，这是坚持中的深入。"语文课进阅览室"不难操作，贵在坚持。它不需要多深的理论水平，持之以恒就会有效。

三、阅览室里学生的学习方式发生了实质性的转变

合肥市教育局原局长何炳章先生说："合肥十中的这朵花（指'语文课进阅览室'）香在何处呢？依我之见，第一，语文课在阅览室上，这绝不只是地点的挪动、空间的变换，更是教学观念的难得转变；十中人分明是在探寻课内信息和课外信息相互沟通、课内

资源和课外资源综合利用的大语文教学模式。第二，聪明的十中人进而由此顿悟开来，语文教学资源尚能如此融通，其他方面的课内外资源为何不可有机整合，以探求优质资源效益的最大化呢？于是，他们又迈出了坚实的一步步。"

曲阜师范大学教授张奎明这样评价交流平台：王国文老师的语文课与以往相比，主要发生了两个方面的变化。第一，教师由单纯的知识传授者转为学生学习的促进者，由管理者转为引导者。传统意义上的教师教和学生学，不断地让位于师生互教互学，彼此形成一个真正的"学习共同体"。教学过程不只是忠实地执行课程计划的过程，而且是师生共同开发和丰富课程的过程。教学变成一种动态的、发展的和极具个性化的创造过程。第二，学生的学习方式发生实质性转变。新课堂打破了教师"一言堂"的局面，建立了宽松的课堂气氛。教师从培养学生的学习兴趣、激发学生的学习动机出发，为学生创设有利于他们获取信息、相互交流、主动思考的环境。

"语文课进阅览室"不只是"搬"动了课堂，实际上"搬"来的是开发的资源，是新的学习理念、方法和路径，是融合课程要素的新的学习环境，是全新的学习方式乃至生活方式。因此我们把研究"语文课进阅览室"的安徽省重点课题命名为"以阅览室为平台，转变高中生语文学习方式的研究"。"语文课进阅览室"主要有下面两大特点：

第一，组织学生在阅览室里，"择真而读""择善而读""择美而读""择不足而读"，培养独立的、适应未来需要的阅读能力，提升人文素养，使语文学习从文本向实际生活迁移。开放且富有创新活力的语文课程资源不仅能发展学生的语文能力，而且在过程和方法、情感态度和价值观方面也能使学生得到发展；不仅为学生的语文能力奠基，而且为其做人奠基。

第二，"语文课进阅览室"，变单一、被动的语文学习方式为自主探索、全面交流和操作实践等多种学习方式，促进学生创新意识的养成与实践能力的发展。同时，将语文课堂拓展到阅览室，实践语文学习的外延与生活的外延相等的理念，谋求语文世界向生活世界的回归，实现语文世界与生活世界的融合，使语文学习贴近生活、回归生活。

北京大学贺麟教授说："读书是人类特有的神圣权利。"阅读让学生从应试教育的束缚中解脱出来，让他们获得求知的快乐，体验精神的成长，开启世界的大门，最终成长为一个大写的"人"，这是我们永恒的目标。

（本文刊发于 2013 年第 11 期《语文教学研究》，中国人民大学复印报刊资料《高中语文教与学》2014 年第 3 期全文转载）

智慧阅读：数字化赋能阅读的创新实践

2024年1月26日，教育部科学技术与信息化司司长周大旺在教育部新闻发布会上表示："发展数字教育，推进教育数字化，推进教育现代化是大势所趋、发展所需，也是改革所向。"当前，教育部把教育数字化作为教育现代化的重要内容，纵深推进国家教育数字化战略行动，为教育强国建设提供了有力支撑。

在信息奔涌的21世纪，人们的精力被纷繁复杂、无处不在的信息所裹挟，阅读的时间愈发稀少。在如此情境之下，如何利用互联网＋、云计算、大数据等新兴技术打造书香校园，进而通过阅读推动文化育人，提升办学品质，使阅读兴校成为独具魅力的校园文化特色？这是一个亟待深入探究的重要课题。

数字化阅读具有诸多显著优点。它打破了时间和空间的限制，让学生能够随时随地获取丰富的阅读资源；具备强大的搜索和索引功能，方便学生快速找到所需信息，提高阅读效率；能以多媒体形式呈现内容，如音频、视频等，使阅读更加生动有趣，提高学生的阅读兴趣；能够根据学生的阅读习惯和兴趣进行个性化推荐，满足不同学生的独特需求……基于此，我们在2016年就开始探索数字化阅读。

一、智能化设施营造良好阅读环境

2016年，合肥十中新图书馆投入使用。图书馆占地5000平方米，馆舍建筑面积达15000平方米，馆内藏书丰富，多达12万余册，宛如一座宏伟的知识殿堂，集文献借阅、信息咨询、学术研究等功能于一体。馆内配备的智能借还书系统、电子阅览系统等现代化设施，全方位满足了读者的多元需求。在空间布局上，新图书馆更是充分考虑读者的个性化诉求，从整体环境到具体空间，皆将读者置于首位。近年来校图书馆还持续引进先进技术与设备，实现了智能化图书管理，为师生阅读带来极大便利。

校图书馆现配备了触控查询一体机、24小时自助还书机、盘点车、自助借还机、自动升降书车等先进设备。自助还书机能够自动识别带有标签的图书，通过触摸屏的交互式示范与清晰的语音提示，贴心地引导读者完成还书流程。图书馆以开架服务为主，实现了藏、借、阅、咨询、管理的一体化。另外，图书馆采用一卡通系统精准记录相关信息，便捷、迅速且准确。整个图书馆均由计算机精细管理，配备完善的服务设施，可为全校师生提供外借、阅览、参考咨询、信息检索、文献复制及文献传递等全方位服务。师生能够自助检索，借助校园智能系统，使用一卡通轻松完成自助借还书。盘点车可自动盘点、识别层架标签、检索书架、扫描图书架位，大幅提升了图书馆管理员的工作效率。

现如今，图书馆不仅发挥了基础的图书借阅功能，更逐步成为学校的学术交流场所与师生活动的重要集散中心。这几年的阅读数据清晰表明，通过不懈努力，我校已成功开辟出一条别具一格的

"智慧阅读"之路。

案例1：图书馆智能化设施为师生提供服务

上午十点，明媚的阳光透过合肥十中图书馆的玻璃屋顶，将温暖与明亮慷慨地洒向沉醉于书香的十中学子。彼时，他们正在上语文课，整齐的桌椅与一排排书架相依偎，叠放的书本散发着淡淡的油墨香，让图书馆的氛围愈发温馨宜人。

高一（2）班上午第三节是阅读课，第二节课的下课铃声一响，学生便收拾好物品，怀揣着对知识的渴望向图书馆奔去。有的学生带着之前借阅的书籍；有的学生则手持平板电脑；也有学生已提前找到共读一本书的伙伴，热烈地讨论着观点与感悟。在语文老师的引领下，同学们有序排队，依次走过安检门，图书馆管理员在门口微笑着提醒学生注意事项。

杨雅萍同学刚读完此前借阅的《牧羊少年奇幻之旅》，她径直走向自动还书机，轻松扫描完成还书。由于语文老师此前布置了写一篇励志书籍读后感的任务，她又走到自助搜索机前，输入关键字查询《假如给我三天光明》，搜索结果显示该书的分类号为 I313.45/12，她迅速来到二楼找到此书，并在阅读区找好位置，前后不过两三分钟。

图书馆的后台数据显示，学生每周借阅图书时间超过 40 小时。图书馆为学生营造出一片追求知识的精神乐土，校园内形成了浓郁的科学文化氛围。

案例 2：电子阅览室拓宽师生阅读视野

电子阅览室是对图书馆纸质图书的有效补充，它极大地拓宽了学生的阅读视野，拓展了阅读空间。

高二（6）班的学生在语文课上学习《林黛玉进贾府》一节时，围绕林黛玉进贾府的年龄展开了热烈讨论。有的学生认为是 5 岁，有的学生则认为是 13 岁。老师提示学生可以前往学校图书馆，登录网站查阅最新的《红楼梦学刊》以获取更准确的信息。于是，学生进入电子阅览室查阅最新的《红楼梦学刊》，如愿获取到所需资料，成功解除疑惑。

高一（10）班学生在化学课堂上学习了阿司匹林的分子结构，了解到阿司匹林虽有诸多优点，但长期服用存在不少副作用。老师要求学生通过进入药店、上网查阅等方式，找出目前阿司匹林的替代品并说明其成分、性能，撰写一篇小论文或调查报告。此时，电子阅览室内的基础教育文献资源库（高中版）为学生查阅资料提供了强大的助力，有效提升了学生自主获取知识的能力。

二、智慧阅读，助力习惯养成

自迁址新校区以来，学校的信息化建设与软实力提升齐头并进，均步入了教育发展的快车道。目前，我校已基本实现全面的数字化教学与管理。在课堂教学中，师生都能熟练运用教学平板，全校大力推广学业大数据系统，全力推进整本书阅读和个性化阅读。

案例 3：智慧课堂下的阅读

教师借助科大讯飞的智慧课堂系统，精心打造每周一节的智慧课堂阅读课。以鲁老师的《赤壁赋》教学为例，课前，鲁老师通过教师平板向学生推送阅读任务，学生完成阅读后反馈收获，传统纸质书阅读难以检测学生阅读水平的问题得以解决。课上，鲁老师通过配乐诵读激发学生兴趣，引导学生体会赋的音律之美，感受文中主客情感的变化。鲁老师声情并茂的领读和细致入微的讲解让学生进一步感受到诗人之悲。随后，鲁老师带领学生欣赏与《赤壁赋》创作于同年的书法作品《寒食帖》，引导学生从字体与内容等角度观察和思考，探讨苏轼当时的生活状态。最后，鲁老师深情寄语："《赤壁赋》是不朽的篇章。自此，苏轼迈向真正的乐观旷达。真正的乐观旷达，并非对人生苦难麻木不仁，而是在面对残破且无力改变的现实时，懂得消解心灵的痛苦，让心在现实中突围。老师坚信，此刻同学们的内心定然波澜起伏，因为真正的经典品读总会带来一次次心灵的叩问。阅读《赤壁赋》，阅读经典，点亮人生！"课后，鲁老师布置了两项任务：第一，请以"东坡先生——我想对您说"为题，撰写文章，抒发所思所想；第二，登录电子阅览室，搜索有关苏轼的资料，进一步感悟苏轼不平凡的一生。

智能图书馆先进的设备与全校范围内的平板教学，不仅为师生提供了优质的阅读环境，还让语文课和阅读课充满科技感。课前学生观看教师录制的微课，课中教师运用平板讲解重难点，课后学生通过班级空间查看任务，教师的教学效率显著提高，学生学习的自主性也大大增强。

案例 4：多学科融合背景下的数字化阅读

合肥十中积极开展跨学科的数字化阅读项目，打破学科界限，培养学生的综合素养和创新思维。

当物理课程进行到"万有引力"这一重要部分时，物理教师精心策划，推荐学生阅读相关的科学史书籍和科学家传记。学校的电子图书馆提供了丰富的资源，学生可以通过电子书阅读器或在线阅读平台，轻松阅读牛顿、爱因斯坦等伟大科学家的故事，以及关于宇宙探索的一系列科普作品。

在阅读过程中，学生并非无目的地阅读，而是带着物理课堂上学到的知识进行思考和分析。他们会对比不同科学家对万有引力定律的研究方法，探讨这些理论在现实中的应用。比如，在阅读牛顿的传记时，学生会结合课堂上学习的万有引力公式，思考牛顿是如何通过观察和试验得出这一重要定律的；在阅读关于宇宙探索的科普作品时，他们会运用所学知识，理解天体的运动规律和宇宙的结构。

同时，教师会组织小组讨论，学生分组交流自己的阅读心得，分享对科学家的敬佩之情，以及如何将科学家的探索精神运用到日常学习中。在讨论中，学生不仅加深了对物理知识的理解，还学会了从不同角度思考问题，提升了科学思维水平和跨学科综合素养。

为了进一步巩固阅读效果和展示阅读收获，学生以小组为单位，将自己的阅读成果制作成精美的 PPT 或生动的小视频。在班级内，每个小组轮流展示，详细讲解他们的阅读成果和心得体会，优秀的作品会在学校的大屏幕上滚动播放，或者在学校的微信公众号上发布，供更多学生学习和欣赏，这进一步扩大了阅读的影响力。

案例 5：超星 App 成为阅读必备工具

每周一节的阅读课，读什么，有何收获？阅读传统纸书难以清晰呈现结果。为此，我校自开展"语文课进阅览室"始，便在全校师生的平板上安装了读书应用程序"超星学习通"。经典阅读测评体系巧妙地将纸书阅读与电子阅读相结合，为学生提供了多样化的阅读方式，同时也为教师增效减负。教师在超星 App 上查看学生个人数据报告，及时发现问题，有效提升学生的阅读质量。

本学期开学初，王老师在高一（3）班班级空间留言，要求学生根据个人兴趣爱好，结合教师推荐，讨论出本学期每个小组准备阅读的书单。学生自主略读推荐书籍的第一篇章后在小组内交流，顺利确定阅读的书目。教师鼓励学生利用课外碎片化时间读完一整本书，并通过 App 线上分享阅读笔记，并答题自测阅读效果。

刘老师在自己所带的两个教学班中建立了一个阅读群，108 位学生同读《杜甫传》。学生在终端（平板）通过"超星学习通"App 找到推送的经典诵读整本书任务，结合自身时间制订每天的阅读计划，并在班级空间公示，接受教师和同学们的监督。对于每天完成阅读计划并主动上传微分享的学生，教师手动点赞。此外，超星 App 还设置了星级评比、阅读知识挑战、全网对战（好友 PK 或自我修炼），有效提高了学生的同读积极性。

完成整本书阅读后，每位同学进行线上测评，完成所有题目的测试后，点击"提交"，即可查看测评结果。系统将自动计算测评正确率,正确率达 60% 以上则通过测评。通过测评后点击"查看答案",可查看正确答案。

案例 6:微信公众号推动师生家长共读

在"互联网+"时代,自媒体等的价值日益凸显,未来属于善用互联网技术之人,阅读自然也要与时俱进。2016 年 9 月 18 日,"合肥十中阅读工作室"微信公众号成功申请,学校的阅读工作安排、进展以及学生撰写的与阅读相关的文章等,均可及时向社会推送,这极大地激发了学生的阅读热情。"合肥十中阅读工作室"微信公众号还带动了众多家长参与阅读,众多社会人士纷纷为其文章点赞、留言。2017 年 9 月 10 日,"合肥十中阅读工作室"微信公众号改版,推出"读书屏",即读书微视频,以"屏"落实阅读,以"屏"展示阅读,以"屏"交流阅读,以"屏"推动阅读。

网友白蔷薇留言道:"读书屏,好名字、好创意!在提倡培养学生发展核心素养的当下,老师您凭借这一方小小的'屏',开辟出一片广阔的语文教学新天地!老师,您在语文教坛辛勤耕耘数十载,依然对语文教学怀有如此执着的热爱,正所谓'人间有味是清欢'!让我再次受教受益!"

案例 7:QQ 阅读社区打造云上沙龙

学校充分利用校园网络平台,在 QQ 上精心打造了充满活力的数字化阅读社区。

学校专门安排信息技术老师和语文老师组成团队,对数字化阅读社区进行日常维护和管理。他们会定期审核学生发布的内容,确保信息的质量和准确性,同时保证社区的良好秩序。

有个对人工智能充满好奇的学生阅读了一本精彩的人工智能科普读物后,满怀激情地在社区发表了一篇详细且深入的书评。他不仅阐述了书中关于人工智能发展历程、应用领域和未来前景的精彩观点,还分享了自己在阅读过程中的思考和感悟。这篇书评迅速引起了众多学生的关注和热烈讨论。有的学生对书中提到的某些前沿技术提出质疑;有的学生迫不及待地去阅读了这本书,并在社区中分享自己的看法和思考。

不仅学生积极参与,教师也充分融入这个社区。语文老师会根据学生的阅读兴趣和水平,推荐一系列优秀的文学作品,引导学生从不同的视角去感受文字的魅力;物理老师则会分享一些与物理知识相关的科普读物,帮助学生拓展物理思维;历史老师会推荐有关科学发展历程的书籍,让学生了解知识背后的时代背景。

教师还会与学生互动交流,针对学生的观点提出更深层次的问题,引导学生进行更有深度的阅读和思考。比如,当学生讨论某本书中的观点时,教师会启发他们去思考这种观点在现实生活中的应用,或者与其他学科的关联。

数字化阅读社区在学校营造了极其浓厚的阅读氛围。学生不再将阅读视为一项任务,而是一种乐趣和交流的方式。知识在分享中得到传播,思想在碰撞中得以升华,这极大地促进了学生之间的知识共享和思想碰撞。

三、阅读大数据,推动阅读质量提升

智能图书馆依据后台数据,不仅能够清楚显示每个年级、每个

班级的借阅数目,还能对学生的阅读兴趣进行智能分析。

案例 8:及时纠偏,引领阅读方向

2020 年 4 月,我们通过智能图书馆的后台数据,看到了 2019 年全校热门图书排行统计表,热门图书排行榜中出现了《幻城》《大周皇族》等玄幻小说、《驱魔人》等恐怖小说,以及与热门影视剧相关的"三生三世"系列图书、《倚天屠龙记》等书籍。我们与年级主任、图书馆负责老师共同分析研究后,达成加强此类书籍阅读管理,积极引导学生多读有意义、有价值的书籍,图书馆控制此类图书采购的共识。

依据这一数据,各年级主任对各班级展开巡班、检查等工作,一旦发现有学生阅读此类书籍,班主任和语文老师就会积极引导学生。半个学期下来,各班级几乎见不到学生阅读玄幻小说等书籍。2020 年 7 月,我们选取古文类、外国文学、工具书这三类数据进行对比,惊喜地发现越来越多的学生对古文和外国文学类书籍的阅读兴趣愈发浓厚。

案例 9:采购图书人性化

2019 年第一学期接近尾声,图书馆刘馆长着手对本学期工作进行总结,并规划下学期的工作。第二学期开学即将采购新一批图书,相较于往年,采购种类和数目又该如何调整?刘馆长打开管理后台,点击 2019 年第一学期查询机上的搜索热词,发现越来越多的学生开始关注科学类书籍。于是,在第二学期采购新书计划中,图书馆增加了科学类书籍的比重。

通过后台查看现有藏书的类别和数量，刘馆长又发现我校图书馆的文学类书籍多达 7026 册，占绝大多数。这表明当前高中生阅读书籍仍偏重文学，学生对文学类书籍的阅读需求较大。因此，在新学期采购图书时，图书馆继续选购文学类书籍，同时为了拓宽学生的阅读范围，也适当采购其他类别书籍。

案例 10：促进学生阅读成果高效转化

借助平板和阅读应用程序，教师积极引导学生转化阅读成果。阅读课上的语言赏析、阅读后的感悟体会、阅读交流活动时分享的成果等，借助数字化平台实现读写转化。以"读"促进"写"，将阅读成果转化为自身的表达资源；以"写"反哺"读"，通过写作巩固阅读成果，让阅读深入灵魂。

我们在阅读教学研究中，还利用大数据分析整本书阅读课程资源在实际教学中的应用情况，借助人工智能技术和数据分析工具，研究可以深入挖掘的教学实践中的问题，并获取详细的情境信息，进一步提升学生的阅读效率，促进教师专业发展。

在合肥市大力推进智慧城市建设的进程中，我校积极推动智慧校园建设，不断引进智能化新设备，打造优质阅读环境，为师生提供便捷的服务。学校积极推进信息技术、大数据等技术在教育教学中的应用，校园内师生人手一部平板，精心打造语文智慧课堂，让技术服务课堂；通过积极引导学生，逐步实现科学化阅读，运用读书应用程序促进学生阅读成果的及时记录与转化。

随着智慧阅读的广泛推广，我校成功走出了一条特色鲜明的阅读发展道路，阅读逐渐成为校园文化的独特标识，校园的阅读氛围日益浓厚。越来越多的学生主动加入阅读行列并深深爱上阅读，学校通过阅读促进学生全面且个性化地发展，探索出了一条兼具实践意义与推广价值的智慧阅读发展之路。

我们坚信，有智慧阅读的强力加持，定能有效促进学生树立正确的世界观、人生观、价值观，实现建设书香校园的目标，加速迈上高品质示范高中的建设征程。

（本文在合肥市 2020 年教育信息化应用优秀案例征集活动中获评优秀案例）

在"'三阶两翼'式语文阅读行动"中且行且歌

"'三阶两翼'式语文阅读行动"是合肥十中坚持13年（截至2013年）高中语文阅读探索的研究成果，也是有推广价值的阅读行动操作思路。"三阶"坚实，"两翼"丰满，贯穿其中的一条线是"万物皆书卷，天地阅览室"的大语文教育观。

"三阶"是指课题研究、"语文课进阅览室"和语文阅读行动校本课程。"三阶"是渐进的，逐阶深入推进阅读行动：在合肥市级课题"构建语文学习开放性环境的实践与研究"中诞生了"语文课进阅览室"，并初步实践，初见成效；第三阶语文阅读行动校本课程是"语文课进阅览室"的延伸和升级，给时间、订计划、重设计、有评价，把教学资源、课程理念、操作模型整合起来，是具体而切实可行的。

"'三阶两翼'式语文阅读行动"的主体当然是学生，学生是支撑阅读行动最重要的一翼。开展丰富多彩的阅读活动是激发学生阅读热情的有效举措。长路文学社立足校园文学，积极开展了一系列写作讲座、写作采风、作文比赛、演讲比赛、辩论赛、知识竞赛、文学沙龙研讨等活动，丰富了社员的生活，提升了文学素养。

教师的有效指导是"两翼"中的另一翼，这是指教师在阅读教学中执着探索、潜心钻研，以有效方法引领学生阅读，如读物推荐课、读书方法指导课、读后叙述课、交流评论课、读书笔记展示课、专题阅读课、网络阅览课、读书读报汇报课、阶段总结课等都是合肥十中创造的对学生阅读进行指导的课型。作为教学活动主导者的教师，其专业水平和责任感决定着阅读行动的发展方向和发展高度。

一、激发兴趣——"领航"阅读

"'三阶两翼'式语文阅读行动"最成功的方面是提升了学生对语文学习的兴趣，并由此营造了浓郁的阅读氛围。"长筋骨阅读""促个性阅读"等是为了实现将核心素养转化为学生素质的目标。如果学生对阅读没有浓厚的兴趣，怎么"长筋骨"？何谈"促个性"？所以让兴趣领航，助阅读扬帆，提高核心素养，激发终身阅读的兴趣，是阅读教育的重要法则。

（一）从兴趣出发，精选阅读书目

首先，教师要知晓学生的阅读兴趣。利用问卷调查学生喜欢读什么类型的书，以及正在读、最想读的书，要求学生写出喜欢读的书、喜欢的作家和文学流派等，明确学生的阅读兴趣点。其次，深入了解受高中生、大学生欢迎的书目和高中课程标准推荐的书目，将之与学生喜欢的书目结合，谨慎筛选，大胆淘汰，从而整理出阅读推荐书目。最后，学生根据推荐书目，结合自己的兴趣爱好和实际阅读能力，选择其中最想读的一本书，以合适的阅读方式进行阅读。

从学生的兴趣出发选书，既兼顾了课程标准，又尊重了学生的个性，给了学生自主选择的空间。以学生的兴趣为主导，不指定阅读对象，不强迫学生读书，这样一来，学生对阅读不仅有积极性，还会充满期待。

（二）让兴趣相伴，维持阅读动力

在阅读过程中，教师要想办法维持学生的阅读兴趣，为阅读续力。学生在每周一次的阅读课上先浅阅读，抓最感兴趣的部分快速阅读。

教师在学生深阅读阶段组织各种形式的阅读活动：（1）阅读故事会，让各组成员向全班同学讲故事，分享阅读成果，提高学生的语言表达能力；（2）人物形象展示会，让各组成员分析所读之书内的主要人物形象，激起他组成员阅读的兴趣；（3）语言品鉴会，让各组成员分享所读作品的语言风格及其中的好词佳句等，提高学生的语言应用能力；（4）作品推介会，让各组成员根据所读之书的特色向其他同学进行推介，从而进一步加深分享者对所读作品的了解，激发其他原先对该书不感兴趣的同学阅读此书的欲望；（5）成果展示会，将读后感或书评与大家分享，进一步激发学生的阅读兴趣。

阅读活动可以在每周的阅读课上进行，也可以在课前三分钟进行，还可以作为读书社团活动……阅读活动的开展将给学生提供巨大的施展才华的空间。

二、心有灵犀——"体验"阅读

文学作品的阅读其实是一种积极的能动的审美体验活动过程，其基本轨迹可以理解为：感受—品味—领悟—体验思考。这就要求学生能感受形象，品味语言，领悟作品的丰富内涵，体会其艺术表现力，有自己的情感体验和思考。但是学生往往因为生活经验、知识积累的不足以及对人、对事的感受不同，其读后的情感、体验也不尽相同。为了使学生避免浅阅读，保持积极的探索心态，学生就要有一种体验的精神，即体验作者的语言魅力，体验文章的思想情感，体验身临其境的独特的感受，让自己的身心沉浸在阅读之中。教师要因势利导，利用"发展积极归因倾向"策略来指导和激励学生阅读。"归因倾向"分为"内部归因"和"外部归因"，"内部归因"是指把自己所从事的活动及活动的结果归因于自身的内部因素，"外部归因"是指认为自己所从事的活动及活动的结果受客观因素或他人左右。

心理学研究表明，当学生面临认知内容的选择时，常常有"外部归因"倾向。因此，教师应适时地指导或点拨学生，让学生在作品中游目骋怀，汲取作品中的正能量，这样有利于提高学生热爱自然和珍爱生命的意识，使学生体会到阅读的意义，提升自身素养！

三、雏鹰新声——"叫板"阅读

"合肥十中的学生以哲理式的语言畅说阅读的感受，让人从中领悟到经典名著的不朽魅力与永恒的价值！"这是安徽省教育科学研究院杨桦老师所写文章《阅读贵在行动》中的一句话。这句话正是我们指导学生采取"叫板"阅读方法而卓显成效的真实写照。

"叫板"一般是指"挑战""竞争"。而"叫板"阅读则是指在阅读过程中保持一种求索的心态，对原作提出自己的看法或质疑，"读出自己""读出问题"。所谓"读出自己"，就是指学生在阅读时用自己的情感、经验、眼光去体验作品。"读出自己"有时具有非理性的特性，表现为瞬间迸发的灵光乍现式的创造性思维活动。换句话说，"读出自己"就是学生对作品的个性化理解！所谓"读出问题"，是指学生依据自己的审美，审视作品，评价其积极的意义或指出其不足。

四、高屋建瓴——"轨道"阅读

"轨道"阅读是指学生在阅读文章时，自己主动沿着探究问题—发现问题—解决问题—建构知识的思维过程，将某一方面的知识，根据其内容的特点和内在规律，进行分析和归纳，形成一个结构性"轨道"，在阅读相关内容时，学生便可按已有的"轨道"去归纳和对比，找到相应的内容，积极主动地建构知识。

一旦学习者大脑中被装进一条条知识的"轨道"，并且不断地对"轨道"进行"扩张"，经常对"轨道"进行整理更新，那么知识就会越来越丰富、越来越条理化。

比如，王亚同学读《雷雨》时，第一遍只是通读全书，囫囵吞枣，重在了解故事情节，对细节关注不够。后来，她用"轨道"阅读法进行第二遍阅读，对《雷雨》产生了更深的理解。她在读后感悟中写道："'轨道'阅读的办法很有实效性，根据这一方法，我再读《雷雨》，对其便有了豁然开朗的感觉，我认为《雷雨》不仅是社会悲剧，也是性格悲剧，更是生存悲剧，同时《雷雨》是曹禺先生对中国戏剧史的最大贡献！"

"轨道"阅读可以提升学生对阅读材料的分析和加工能力，有利于培养学生的道德品质和正确的价值观，以及提升学生的语文素养。同时"轨道"阅读也是一种把一本厚书读薄的最经济、最实用的手段。

五、生命涌动——"三化"阅读

"三化"是指阅读内容的"散化"、知识储存的"类化"、情感体验的"内化"。具体来说，阅读内容的"散化"是指阅读时所读文章可以是多样的，也就是说，阅读对象可以是多方面的、多层次的、多特质的。但不论哪种类型的作品，其语言是阅读者首先要体验的——"散化"的内容往往是琐碎的、无序的，这就要求阅读者将这些内容加以归类整理，即"类化"；归类后的知识，经过学习者吸收消化后，形成完整的、系统的知识体系，这个情感体验过程就叫作"内化"。

"三化"阅读使阅读呈现出生成性的动态特性。学生通过阅读从作品中汲取精华，开阔了视野，活跃了思维，唤醒了想象力和创造力，在这一动态过程中接受并掌握作品中的语文知识，从而使整个阅读过程成为一种蕴含"坚强信念""高尚情操""深厚的文化底蕴""高雅的审美情趣"的情感体验过程。"三化"阅读使学生在整个阅读过程中始终充满着心灵被不断洗礼的喜悦之感，充实了精神生活，完善了自我人格。

阅读教学和学生情感体验是开放性的课堂开展方式，它充分强调课堂中生命的涌动，注重的是学生对作品语境的"还原"和理解，从而让学生在脑海中补足了作品"有形"及"无形"的意义，以生成作品的"象外之象"和"言外之意"，从而让学生在获得知识的同时，受到作品情感的熏陶。

六、开发资源——阅读课程化

"语文课进阅览室"带来了更多的阅读资源，将之整合为课程，发挥出它的课程功能，以实现阅读的课程化课堂化。

有人说，理念和模型是校本课程的骨骼，课程资源是校本课程的血肉。开发阅读行动校本课程，突出体验性、探究性，让学生利用阅览室、图书馆、班级图书角等场所的阅读资源进行广泛阅读。经过分析、理解、裁剪、整合等思维活动，使学生掌握大量的课外知识，从而弥补教材的局限性，发展学生智力，同时培养学生分析、理解、归纳等方面的能力，陶冶学生情操，锻炼学生意志，使学生养成稳定且持久地主动寻求信息的习惯，从而提高学生自身素养。

安徽省教育科学研究院杨桦老师说："在阅读课的开设过程中，合肥十中语文组的不少老师在教学方式上作了颇有价值的探索……合肥十中的阅读行动启示我们，学生的阅读一定是一个自觉的行为、一个自愿的过程，而这种自觉与自愿是在教师引导下形成的。让学生喜爱阅读并将阅读变为他们生活的一部分和他们的日常行为习惯，要靠教师的引领和培养。"

阅读是成本最低的教育。我们用"'三阶两翼'式语文阅读行动"构建显性的特色教育课程，全方位地推进人文素养教育。2013年2月26日，《中国教育报》刊发的《开课程之源，畅人文之流》一文指出："合肥十中积极开发语文阅读行动校本课程，把实验成果课程化。学校组织专家进行规划、论证，对阅读课时、阅读量、成果呈现、课程评价、学分认定等作了详细规定。3年间每名学生至少有120节课可以在阅览室、图书馆自主常态阅读。"

["'三阶两翼'式语文阅读行动"在中国教育学会中学语文教学专业委员会举办的优秀教学改革成果（2009—2013）评比中荣获二等奖]

第三部分
"长筋骨"阅读:深度读·变革学习方式·发展性

通过阅读学习：让阅读超越阅读

本部分收录《整本书阅读的实践取向》〔拟作为《语文教学通讯》（A 刊）"卷首语"〕、《让"通过阅读学习"常态化》（刊发于《合肥教育》）、《学会"通过阅读学习"》（刊发于《中国教育报》）三篇文章。

整本书阅读的实践取向

一则关于某市"《红楼梦》将不在高考试卷中单独设题考查"的不实信息，竟然能掀起不小的风浪，可见时至今日，人们对整本书阅读的认识依然存在偏差。有些老师一直将全民阅读和课程改革双重背景下的整本书阅读混同于传统的顿悟式精英阅读，认为不考不足以体现整本书阅读的重要性、必要性，却忽视它的实践取向，没有充分认识到它的课程价值。

卓有成效的教学大多直接或间接在实践中完成。高中语文课程标准中的"整本书阅读与研讨"学习任务群是课程内容，同时指向学习方式，是以实践活动为主的学习方式；而义务教育语文课程标准中关于整本书阅读的第一句话便是"本学习任务群旨在引导学生在语文实践活动中……"。整本书阅读被纳入国家课程，进入日常教学，是担负"以育人方式变革提高育人质量"使命的。

整本书阅读的基本定位是实践活动，实践活动的典型特征是

"做事"。人教版高中语文必修下册教材在《红楼梦》整本书阅读单元给了一份"做事"清单:"理清小说主要人物之间的关系并绘制图表""分小组讨论人物性格的多样性和复杂性""以'《红楼梦》中的_____'为题写一篇短文,说说你所品味出的文化内涵""组织'《红楼梦》诗词朗诵鉴赏会'""设想一些主要人物的命运或结局,写出故事梗概""查找关于《红楼梦》主题的研究论述,深入思考《红楼梦》的主题,写一篇综述"等。高中语文课程标准将整本书阅读的实践活动概括为"自主阅读、撰写笔记、交流讨论"。

进行《红楼梦》整本书阅读,首先教师要给出充足的时间和空间让学生自主阅读全书,这是整本书阅读最基本的实践活动。自主阅读时,学生要独立完成从理解内容到领悟主旨、鉴赏语言艺术的全过程,因此学生要进行自我管理——规划时间、独立思考、主动探索。这会让阅读变得有趣且有挑战性,阅读兴趣被激发了,学生就会更愿意调动储备的知识资源,寻求各种帮助解决问题。这就是在转变学习方式:由被动、消极、碎片化地接受转变为主动学习、积极思考、系统建构。

无论是绘制人物关系图表,还是写品味文化内涵的短文、人物结局的故事梗概等,要完成任务,学生必须整体把握并深度思考全书内容,评价并反思作品的观点,将书中信息内化为自己的知识,进而提出个人独特的见解。这样的实践活动,能大大提升学生的批判性思维能力、创新思维能力、独立思考能力、写作能力等。组织"《红楼梦》诗词朗诵鉴赏会",学生要揣摩作品人物的语言、动作和心理活动,设身处地地体会书中人物的感受;还要将文学情节转化为现实情境,感受书中人物的欢乐和痛苦,在朗诵中体悟人物的情感变化。

　　交流讨论是整本书阅读开展时有生活意义的集体活动。讨论故事中人物性格的多样性和复杂性时，学生既要准确清晰地表达自己的观点，又要倾听并回应他人对自己的评价。学生在讨论中会有观点的碰撞，会产生认识上的冲突，在互动中学生获得了自我存在感，提升了决策和行动能力、解决实际问题的操作能力等。阅读实践活动让学生在开放性的多重关系中彼此理解和包容，这能培养学生的合作精神、群体意识，进而引导学生理解生活、理解自我、理解世界，也能进一步明确自己的社会责任，为在未来的学习、工作和生活中更好地适应社会奠定基础。

　　没有实践活动的阅读，本质上还是"死读书"。整本书阅读的实践活动不仅是为了完成阅读任务，更是实现从书本到生活的跨越，让学生在真实的阅读情境中反思现实，思考自己在社会中的角色和责任。

　　生命的意义在于经历有意义的生活。以育人方式的变革来提高育人质量，是基础教育改革的基本要求。凸显实践导向，在实践活动中激发学生的阅读兴趣和热情，让学生体会到学习的乐趣和成就感，提升核心素养，使他们逐步成长为全面发展的创新人才，这是整本书阅读学习任务群设置的初衷，也是我们教育者的担当。

让"通过阅读学习"常态化

　　随着全民阅读活动的持续深入推进，阅读的重要性被广泛地认同。但因为学生学业负担重，学习时间紧，不少家长、学生和教师产生了阅读焦虑，进而质疑：阅读在教育中真的不可替代吗？阅读在教学中真的能落到实处吗？

其实，学生的阅读有一个从"学习阅读"到"通过阅读学习"的过程。我们常说的激发阅读兴趣、培养阅读习惯、掌握阅读方法、提升阅读素养等，更多地侧重于"学习阅读"。阅读是工具不是目的，"学习阅读"不是为了读更多书，学生辛苦地"学习阅读"，一定程度上是为了"通过阅读学习"。本文以备受关注的整本书阅读为例来谈谈这个问题。

高中语文课程标准指出，阅读整本书"应该以学生利用课内外时间自主阅读、撰写笔记、交流讨论为主"。其中的"自主阅读""撰写笔记""交流讨论"是"学习阅读"，更是"通过阅读学习"。

学生阅读《西游记》，按照自己的节奏自主阅读，从识字解词到理解内容、领悟作品内涵、把握艺术价值，都是自己独立完成。在这个过程中，学生要进行时间规划，加强自我管理；为了读懂这本书，深入理解作品，学生还要寻找相关资料，主动找同学交流讨论……自主阅读让学生不再被动地接受知识，他们开始主动建构自己的知识体系。进行自主阅读的学生，他们的独立思考能力和解决问题的技巧都会得到提升，也增强了自觉意识，培养了独立精神，奠定了终身学习的基础。

在教材中的《红楼梦》整本书阅读单元，有这样一个学习任务："如果让你设计八十回以后的故事，你会怎么做？试设想一些主要人物的命运或结局，写出故事梗概。"这属于课程标准中的"撰写笔记"。为了判断后四十回讲述的人物结局是否符合曹雪芹本意，学生要阅读后四十回和前八十回，将小说的信息内化为自己的知识。学生根据前八十回的故事走向，发挥想象力和创造力，提出对人物命运更合理的看法。如此一来，学生的批判性思维能力、创新思维能力得到了提升，学生也学会了理性分析，养成了独立思考的习惯。这些都是"通过阅读学习"的收获。

"以小组为单位讨论各篇之间的内在联系"，这是《乡土中国》整本书阅读单元中的学习任务。为了完成任务，学生要在公开场合阐述自己的观点，也要认真听取同学对自己的评价，并作出回应，这有助于提高学生的口头表达能力和逻辑思辨力，让学生在理解、包容、尊重不同意见的互动中学会有效沟通。完成这一学习任务能够将个体的阅读经验转化为集体智慧，帮助学生突破单一思维模式，锻炼解决实际问题的能力。频繁的小组交流能增强学生的集体归属感，能让学生明确自己的社会责任，为学生在未来的学习、工作和生活中更好地适应社会奠定基础。

在高中语文课程标准中，"整本书阅读与研讨"是共同学习任务群，要穿插在其他17个学习任务群中，具体的操作方式就是"通过阅读学习"；它倡导多学科融合阅读、全科阅读，也是用"通过阅读学习"的方式获取各学科知识。

随着中国式现代化建设进程的加快，现代公民意识成为学生急需养成的核心素养。在"通过阅读学习"中，学生的自觉意识、理性思维、独立判断能力、社会责任心等现代公民意识不知不觉间得到了极大提升。

以育人方式变革提高育人质量，是新一轮课程改革的显著特点。在"双减"的背景下，"通过阅读学习"是要做的加法。

（本文刊发于2024年第3期《合肥教育》）

学会"通过阅读学习"

去年（2023年）世界读书日的前一周，为制作一期读书节目，某电视台来我们学校拍摄素材。休息时，记者和我闲聊了十多分钟，虽是闲谈，其中却反映出生活中的真实阅读情况，促使我深刻反思自己的阅读推广工作。

记者好奇地问："王老师，现在高中生学习压力这么大，有时间阅读吗？"

我字斟句酌地回答："学习和阅读不是对立的，很多时候是一致的。比如，学生拿到一道题目，做完后交给老师批改，再听老师讲解，这是学习；学生认真阅读题目，为了弄懂题目而翻阅教材、查阅相关资料，再与同学交流、讨论乃至请教老师，这是阅读，是用阅读的方式学习……阅读不能理解为读课外书、读名著，阅读是一种学习方式。孩子有阅读兴趣，有良好的阅读习惯，掌握了阅读方法，学习就事半功倍。"

她接着问："王老师平时一定读过很多书，您现在读什么书？"

我笑着说："我现在是被动读书。教学需要什么我就读什么，学生爱读什么书我也要找来翻一翻。当然，我也有持续阅读的书，那就是涉及阅读的文件。社会发展太快，一味埋头读书，我担心自己不能与时俱进。"

她问："像我这样年纪的人该读什么书？您可以推荐一些书吗？"

我脱口而出："工作和专业发展需要的阅读，你心中明白读什么。若是基于兴趣和爱好的阅读——何必让自己的大脑成为别人的'跑马场'呢？"我想说但最终咽下去的话是："真想读书，不用征求别人意见。翻开书读起来，什么问题都在不知不觉中解决了。"

她也笑了，又问："小学四五年级的学生适合读什么书？王老师可以推荐几本吗？"我预感到这是她最为关心的问题，问："你的孩子读小学？"

她说："是的，四年级，不喜欢读书，作业做完就想玩。一叫他读书，就说先玩一会儿。"

我提醒她："这种情况，千万不要强迫孩子读书。小学生读书关键是培养兴趣，强迫会适得其反。"

我看出她眼里的失望，接着说："如果家长一定想让孩子把书读起来，就引导他读教材里的文章，阅读教材'快乐读书吧'里提到的书。这样，阅读就是在完成学习任务，就像我前面说的用阅读完成作业。在完成学习任务中阅读，孩子不会反感，也没有理由拒绝，坚持一段时间，就会增加阅读量，学习成绩也能提高。尝到阅读的甜头，孩子就有可能更喜欢阅读，从而有望形成良性循环……如果你的孩子读好了教材，阅读了教材里提到的书，但不愿意读更多书，就引导他读五年级教材里安排的民间故事，让他读中国的民间故事、欧洲各国的民间故事。"

她不无担忧地说："有人说，学生提前学习，到时候可能就对学习内容没有兴趣了，上课不认真听了，会消极应付。"

我很肯定地告诉她："这个担心是完全没必要的。读书和做题不一样，你的孩子现在读民间故事，到五年级学习民间故事时，他可以和同学分享自己的阅读成果，可以主动组织同学阅读并讨论。他的阅读分享有可能得到同学的认可，也有可能被质疑，他就要考虑如何回应别人的鼓励和批评，就会主动反思自己应该怎么读、怎样进一步阅读……他的个体的阅读体验，可能转化为集体智慧，和其他同学一起建立起共享知识体系……"

摄影师告知已布置好拍摄现场，我们的闲谈戛然而止。后来我在她的朋友圈看到的依然是孩子的阅读打卡……一个读书类电视栏目的记者对阅读的认识和态度尚且如此，可见阅读虽然受到普遍关注，但阅读理念的更新依然任重道远。

"学习阅读"和"通过阅读学习"是青少年学生阅读的两个不同阶段。不论"学习阅读"是否尽如人意，"通过阅读学习"都要被重视起来了……基于此，这一年来，我的阅读行动有了很大调整。

（本文刊发于 2024 年 4 月 23 日《中国教育报》，原题为《学会"通过阅读去学习"》）

《乡土中国》整本书阅读

本部分收录《依托课程标准和教材的整本书阅读——以〈乡土中国〉为例》(中国人民大学复印报刊资料《高中语文教与学》全文转载)和《〈乡土中国〉导读》两篇文章。

依托课程标准和教材的整本书阅读
——以《乡土中国》为例

自《乡土中国》等书作为整本书阅读书籍被引入统编高中语文必修教材后,整本书阅读就成为基本教学任务,不过,对整本书阅读的具体教学许多老师感到为难:教师备课与教学追求内容一致、进度统一,而学生阅读整本书的进度相较精读课文更不可控,加之其他因素的影响,整本书阅读的推行并不顺利。其实,整本书阅读书籍既然进入了现行教材,其与课程标准及统编教材的契合度必然很高,相较以前,现在的教学策略不仅能保证一线教师的整本书阅读教学规范有效,还便于阅读教学的多方面协调。本文以《乡土中国》为例,谈谈如何依托课程标准与统编教材,突破现今整本书阅读的困境。

（一）心有目标，眼有整体

高中语文课程标准要求教师"引导学生通过阅读整本书，拓展阅读视野……提升阅读鉴赏能力，养成良好的阅读习惯""重在引导学生建构整本书的阅读经验与方法"；同时要求学生"在阅读过程中，探索阅读整本书的门径"。统编教材在《乡土中国》的阅读指导中提出了阅读的总要求："读通、读懂，理解基本内容，并力求触类旁通，掌握学术著作的一般读法。"也就是说，依据课程标准及教材要求，教师可以确定《乡土中国》的整本书阅读教学重点为读好"这一本"书、教好"这一类"书，激发学生阅读兴趣，使学生掌握学术著作的一般阅读方法，让学生学会阅读。

据此，我将《乡土中国》整本书阅读教学目标确定为：

第一，激发学生阅读兴趣，引发阅读期待，引导学生综合运用精读、略读和浏览等方法读通、读懂《乡土中国》，认识中国乡土社会的结构和特点。

第二，理解书中的重要概念，把握作者的学术观点，探究作品的语言特点和论述逻辑。在阅读中发现问题，发展和提升思维水平。

第三，积累学术著作的阅读经验，触类旁通，掌握学术著作的一般读法，提升阅读和表达能力。

第四，阅读相关评论和其他资料，把握所读之书的价值取向。学以致用，借书中的理论和分析方法，进一步认识我国乡土文化，形成文化自觉。

课程标准对"整本书阅读与研讨"任务群的要求是："本任务

群在必修阶段安排1学分，18课时。应完成一部长篇小说和一部学术著作的阅读，重在引导学生建构整本书的阅读经验与方法。"据此，我为《乡土中国》整本书阅读安排了9课时，并从三个阅读维度设计了下面的教学框架（如表3-1）。

表3-1 《乡土中国》阅读教学框架

阅读维度	学习任务	课时	课型
通读全书	初见已是旧相识 ——《乡土中国》导读	第一课时	导读课· 专题讲座
	"熟悉"的乡土社会 ——通读第1—3章	第二课时	通读课
	"私人"的乡土社会 ——通读第4—9章	第三课时	通读课
	"变"与"不变"的乡土社会 ——通读第10—14章	第四课时	通读课
专题研读	唇枪舌剑论"差序" ——抓住核心概念，理解作者观点	第五课时	阅读活动课· 辩论赛
	制作讲书视频，透视全书"骨架" ——分析整体框架，把握知识体系	第六课时	阅读推进课
	经验因"致用"而鲜活 ——关注问题，学以致用	第七课时	阅读推进课
	天地重行一书生 ——拓展阅读，知人论世	第八课时	阅读推进课
阅读沉淀	交流分享，沉淀提升 ——《乡土中国》阅读成果交流与分享	第九课时	阅读活动课· 读书会

（二）兴趣为要，通读为首

学生心里种下读书的种子，是整本书阅读教学的第一要义。正如统编教材主编温儒敏教授所言:"从语文教育的规律来看,读书兴趣、习惯的培养以及读书方法的掌握,远比面向考试精读精讲、反复操练的做法高明,也更加重要。……只要把读书兴趣培养起来,有了读书的习惯,学生自然就会找书来读。"《乡土中国》是社会学的经典论著,出版时间距今有些久远,学术性强。为了激发学生的阅读兴趣,我在第一课时安排了一场 45 分钟的专题讲座——"初见已是旧相识",从知人识世明背景、追本溯源通类文、旧书新读知概貌、溯古视今悟价值等方面为学生提供阅读《乡土中国》的背景资料,点拨阅读方法,规划阅读思路,从而消除学生的阅读恐惧,进而引发其阅读期待。

整本书阅读的关键在于"读",其本质是学生"自读",故而引导学生通读全书是教学的首要任务。只要能完整地把书读一遍,学生对书就有了初步印象,疑点和兴趣点也就出现了,接着再依照阅读计划循序渐进地细读,学生就能逐步进入阅读状态。通读阶段,学生可以不求甚解,也不必死抠字眼,书中某些具体论述不是很懂也无碍,不妨就此"连滚带爬"地读下去,因为通读贵在获得对全书的整体印象。为此,我特意安排了 3 个课时来让学生通读《乡土中国》。课堂外,我指导学生制订自主阅读计划表,督促学生将学习任务落实到位(如表 3-2)。其中,"阅读时间"指阅读的日期和时长;"完成情况"一栏主要填写什么时候读完、是否在书上圈点批注或用阅读本摘记点评等。课堂上,教师引导学生交流、分享,从重要概念、核心问题、学术观点三个方面进行点拨,指导学生采用思维导图的方式梳理每章的重要概念。

表 3-2 《乡土中国》自主阅读计划表

阅读内容	阅读时间	完成情况	备注
第 1 章《乡土本色》			三章共约 1.8 万字。高中生的阅读速度可达到 500—600 字/分钟，即学生应利用课外时间在 30 分钟左右读毕。
第 2 章《文字下乡》			
第 3 章《再论文字下乡》			

（三）设计任务，组织活动

"先'粗'后'细'，逐步推进"是教材对《乡土中国》之类学术著作的阅读指导。如果说通读全书是"粗读"，那么专题研读就是"精读"。问题在于，整本书阅读的书籍本身只是知识的载体而不是教学内容，因此"精读"的教学内容还需要教师进一步确定。统编教材在学习任务栏为《乡土中国》的阅读设计了"抓住核心概念，理解作者观点""分析整体框架，把握知识体系""关注问题，学以致用""拓展阅读，知人论世"四个任务，教师正好可以拿来作为《乡土中国》专题研读的教学内容，恰当且无可争议。教师在教学时，据此设置情境任务，组织指向任务的阅读活动，就能取得理想的教学效果。

课堂教学由于受时间和空间限制，要有便于精细化、科学化教学的"小口"去切入公共话题，整本书阅读的教学也不例外。例如，我在《乡土中国》教学的第五课时安排的辩论赛就对应了"抓住核心概念，理解作者观点"的任务，并以"差序"的"小口"切入话题。辩论赛的流程：正反方一辩用 3 分钟开篇立论，要求先厘清"差序格局""乡土社会""现代社会"等概念，从概念间的逻辑关系切入，陈述己方观点；正反方二辩用 2 分钟反驳对方立论，要求以《乡土中国》为据，紧扣对方在概念理解上的偏差以及逻辑上的错误进行反驳；三辩后，正反方四辩各用 3 分钟的时间总结陈词，要求联系现实生活，结合社会发展需要，就具体问题谈"差序格局"有无存在价值。整个辩论赛用时约 35 分钟，赛后全班学生自由发言分享阅读《乡土中国》的心得，以及就辩论赛中各方的观点阐述自己的看法。无论支持哪个观点，发言者都要就具体的问题，结合《乡土中国》阐述自己的见解；也可以结合自己的生活实际，对辩手的某个观点进行拓展延伸。

由于整本书阅读主要靠学生自主阅读，因此，教师的主要任务是根据教学任务，以多样的课型和活动引导学生完成阅读任务。

（四）沉淀提升，教好"这一类"

《普通高中教科书教师教学用书（语文必修上册）》中就高中阶段整本书阅读教学提到，要从概念上强化"整本书"意识，将整本书阅读从自然状态上升到观念上的自觉。同样，《乡土中国》整本书阅读也要求学生先理解"这一本"书，并将"这一类"（学术著作）书的阅读上升为观念上的自觉。因此，在完成统编教材规定的学习任务后，教师还要对"这一本"书的阅读进行总结和评价。

我在"阅读沉淀"这个阅读维度，通过读书会的方式引导学生分享阅读成果，让学生交流《乡土中国》"这一本"书的阅读经验，使学生学习阅读学术著作"这一类"书的方法，促使学生建构阅读整本书的经验，形成适合自己的读书方法。这一课程设计对应的是课程标准提出的"教师应善于发现学生阅读整本书的成功经验，及时组织交流与分享"的要求。读书会是学生喜欢，也是教师易于掌握的交流分享形式。学生交流读书经验，一般先在阅读小组内进行，再由小组代表在课堂上与全班学生分享。分享者可以用音频、视频、PPT课件、现场朗诵等形式展示自己的阅读成果，并总结取得成果的方法、经验，也可以较为全面且系统地介绍自己的读书经历和成功经验。由于《乡土中国》"这一类"学术著作的阅读，目标在于让学生理解其中的重要概念和学术观点、把握逻辑思路和知识体系、关注问题的提出和解决、能根据阅读目的选择阅读方法等，故而在读书会上教师要及时发现学生在阅读中产生的火花，适时对学生加以点拨，引导学生结合自己的阅读体会进行深入探讨，尽可能帮助学生将零碎的阅读体会提升为阅读经验。读书会上，教师可以根据自己的阅读经验，平等地参与到交流讨论中，也可以对学生的阅读适时进行评价，鼓励学生阅读更多的书。一般而言，一本书读完后学生的表达欲望都比较强烈，如果能把读书会交由学生自行组织，会给教师带来很多惊喜。

在整本书阅读正式编入教材并进入日常教学的当下，遵循课程标准、依托教材、立足课堂、着眼学生兴趣是保证教学进程、促使学生阅读能力不断提高的有效方式，且不会与其他教学工作产生冲突。而对教师个人来说，依据课程标准和教材推进整本书阅读，不但不会受到教学实践的限制和束缚，反而能打开探索整本书阅读教学策略的广阔空间。

（本文发表于 2020 年第 6 期《中小学课堂教学研究》，中国人民大学复印报刊资料《高中语文教与学》2020 年第 11 期全文转载）

《乡土中国》导读

进入高中，学生的经典阅读要从语感转向语理，要从感悟性思维上升到思辨性思维，进而满足思维发展和精神培育的需求。课程标准明确要求，整本书阅读要探索阅读整本书的门径，形成并积累学生阅读整本书的经验。

为了满足高中阶段的学习需求与课程标准的要求，学生除了继续阅读文学作品，也要注重学术著作的阅读。高中语文统编教材的第一个整本书阅读《乡土中国》，是一部研究中国乡村社会特点的学术著作。温儒敏教授说："《乡土中国》其实未必那样遥远。读完了，也许就从中学到如何阅读社科论著，如何分析思考社会现象，如何做一个有头脑、有见识、有担当的青年。"

习近平总书记曾说："小康不小康，关键看老乡。"《乡土中国》虽写于20世纪40年代，但对中国乡土社会的论述却超越了时代的限制，尤其在当今城市化进程的大背景下，更显学术生命力。阅读《乡土中国》，全面了解中国过去的社会结构，我们将认识一个从乡土中走来、在乡土中成长的中国，从而辨明中国社会的发展方向。一言以蔽之：读《乡土中国》，懂中国乡土，会读学术著作。

高中语文统编教材必修上册在《乡土中国》整本书阅读单元的"阅读指导"部分指出："阅读《乡土中国》，总的要求是读通、读懂，理解基本内容，并力求触类旁通，掌握学术著作的一般读法。"学生可以运用下面的阅读策略，先"粗"后"细"、由浅入深地开展《乡土中国》整本书阅读。

(一)读懂序言、后记,制订通读计划——走进大家小书

1. 阅读内容

20世纪40年代,费孝通先生在云南大学和西南联大任教时,以农村为对象,边研究边讲授"乡村社会学"课程,共撰写了14篇文章。为了回答"作为中国基层社会的乡土社会究竟是个什么样的社会"的问题,他整理文章汇编成《乡土中国》这本书。

《乡土中国》具有通论性质,"这里讲的乡土中国,并不是具体的中国社会的素描,而是包含在具体的中国基层传统社会里的一种特具的体系,支配着社会生活的各个方面"(《乡土中国·重刊序言》)。作者从具体的社会现象中提炼一些概念,来表达存在于具体事物中的普遍性质,也表达对社会现象的理性认识。

全书收录的14篇文章,看似独立却相互关联:《乡土本色》为总论,《文字下乡》《再论文字下乡》论述乡土社会中文字的使用,《差序格局》《系维着私人的道德》论述乡土社会的结构,《家族》《男女有别》论述中国传统感情,《礼治秩序》《无讼》《无为政治》《长老统治》论述宗法制度,《血缘和地缘》《名实的分离》《从欲望到需要》论述社会变迁如何产生。

2. 阅读目标

整本书阅读与单篇阅读的区别在于一个"整"字。整本书阅读,文字量更大,内容更丰富,要求学生具有极强的整体把握能力,养成审慎的阅读心性。与文学作品比较,阅读学术著作的主要目的是获取知识,而且这类知识往往有一个体系——一个阐述得比较充分的学术体系。阅读《乡土中国》首先要明确阅读目标:

第一，综合运用读懂序言和后记、制订阅读计划等方法，读通、读懂《乡土中国》，认识中国乡土社会的结构和特点。

第二，深入研读作品，理解书中的重要概念，探究作品的语言特点和论述逻辑，汲取营养，丰富自己的精神世界，提升阅读和表达能力。

第三，掌握读懂《乡土中国》的方法，激发阅读兴趣和潜能，学会根据阅读目的和关注重点选择阅读方法，积累阅读学术著作的经验。

第四，读懂中国农村传统文化和社会结构，回视与反省现实生活中的文化，在读懂与日常经验相互融通的学术思考中，培养文化自觉。

3.阅读方法

（1）读懂序言和后记，猜读目录

序言和后记是沟通作者与读者的重要桥梁，是读者开门入室的一把钥匙。读懂序言，能领略一本书的精要之处；读懂后记，可窥见作者对问题深层次的思考。筛选信息，归类梳理序言、后记的关键内容，是整本书阅读的重要支撑。目录是整本书篇目标题的集合，猜读目录或可了解全书，阅读期待与兴趣或许由此而起。

阅读全书之前，学生需先翻阅序言、后记、目录等，了解作者与全书信息，获悉写作过程和概要内容，明确《乡土中国》的阅读价值，激发自己对这部学术著作的阅读期待。

示例：

这本小册子和我所写的《江村经济》《禄村农田》等调查报告性质不同。它不是一个具体社会的描写，而是从具体社会里提炼出的一些概念（批注：这是《乡土中国》的研究方法，了解学术研究的方法将有利于我们积累有效的阅读方法）。这里讲的乡土中国，并不是具体的中国社会的素描，而是包含在具体的中国基层传统社会里的一种特具的体系（批注：由此，我们可以将《乡土中国》14篇文章梳理成"一种体系"，并将梳理本书体系结构图作为阅读任务之一），支配着社会生活的各个方面。它并不排斥其他体系同样影响着中国的社会，那些影响同样可以在中国的基层社会里发生作用。搞清楚我所谓乡土社会（批注：这是本书的重要概念，也是主要内容）这个概念，就可以帮助我们去理解具体的中国社会。概念在这个意义上，是我们认识事物的工具。

——《乡土中国·重刊序言》

（2）制订通读计划

教材对《乡土中国》整本书阅读要求"读通、读懂"。为此，学生要制订适合自己的通读计划，以督促自己从头到尾阅读《乡土中国》全书。

制订通读计划时，学生可先浏览目录，找寻篇章间的关联，将篇目上有显著关联的章节放在一起阅读（根据篇目关联性，《乡土中国》可以分为社会性质、社会结构、社会秩序、社会变迁四个板块），再从日期、时长两个角度确定通读全书的时间安排。

与此同时，学生可以根据自己的阅读能力和目标，设置阅读的"基础等级"和"进阶等级"。"基础等级"主要包括读完全篇、做批注两个环节。其中，读完全篇是必须完成的基础任务；做批注可自由地择段、择篇，标注关键信息，表达即时思考。"进阶等级"包括信息梳理、图表对比、画思维导图、撰写内容提要等，学生可以根据篇章特点量力而为。"进阶等级"的要求体现了学生在理解文本基础上的进一步思考，难度较大。学生可以根据自己对《乡土中国》的阅读期待合理选择适合自己的阅读等级。

通读《乡土中国》时，学生需要根据阅读时间和阅读等级的完成情况进行自我评价，最高可以评定为五星级（如表3-3）。

表3-3 《乡土中国》通读计划表

板块	篇目	阅读时间（日期、时长等）	阅读等级		完成度评定
			基础等级	进阶等级	
社会性质	《乡土本色》	2023.7.6 阅读30分钟	完成通读并做批注	画出思维导图	
	《文字下乡》				
	《再论文字下乡》				
社会结构	《差序格局》				
	《系维着私人的道德》				
	《家族》				
	《男女有别》				
社会秩序	《礼治秩序》				
	《无讼》				
	《无为政治》				
	《长老统治》				
社会变迁	《血缘和地缘》				
	《名实的分离》				
	《从欲望到需要》				

4. 阅读分享

通读激发我的阅读期待

安徽省合肥市第十中学高二（8）班　杨晓雅

费孝通先生要探究"乡土社会"，我要读懂他的《乡土中国》——高中语文教材中的第一个整本书阅读单元。老师指导我们读《乡土中国·重刊序言》《乡土中国·后记》、目录，并交流分享，热烈讨论，要求每个人都制订全书通读计划，然后就放手让我们自主阅读。

按通读计划，我用4天时间读完了全书。开始时我试图勾画关键句，圈出疑难点，但通读计划预定的时间不允许，阅读时思维也跟不上。没办法，只能"连滚带爬"地读，读得"五味杂陈"。陶渊明"好读书，不求甚解"，我虽没求"甚解"，但不等于"无解"。

通读的感觉是复杂的。"法理社会""差序格局"等社会学概念曾令我望而生畏；"靠农业谋生""聚村而居""生于斯、死于斯"的熟悉的"礼俗社会"生活场景，让我这个"根本在农村"的孩子"似曾相识"，顿感亲切。本质上说，中国是乡土性的。"土的束缚"，究其根本，是我们每一个华夏儿女血脉中不可割舍的乡土情。费孝通先生"以学术求真知，以思辨求真理"，从乡土社会的"根本处"发掘问题……即使是"不求甚解"的通读，我也被《乡土中国》中的一股神秘力量深深吸引：我思考着"中国何以成为中国，中国人何以成为中国人"。

专业性概念理解不了；篇与篇的关联找不到；好不容易找到了观点，却无法理解费孝通先生的探究目的……通读时的"挫败感"也在激发我深入阅读的期待，指引我进一步阅读的方向。

定量阅读，按计划通读，专注地阅读，从头到尾读完"好读不好懂"的学术著作，这种感觉是美好的。而且这份美好只可意会，只有沉浸其中才能真切体会。

[本文刊发于2023年第9期《作文素材·品读经典（高中版）》"《乡土中国》"专栏]

（二）把握关键语句，抓住核心概念——读懂《乡土中国》前七篇

1. 阅读内容

《乡土中国》前七篇文章可以分为两大部分。前三篇文章为第一部分，这是全书论证的起点和基础，乡土社会一系列特性（包括社会格局、道德教化、家族构成、礼俗秩序、理讼方式、权力结构等）皆缘于此。后四篇文章为第二部分，分析了社会结构、私人道德和基本社群等一系列核心问题，讨论"家""国""天下"三者的伦常关系在社会学上的意义等。在前七篇中，"差序格局"和"家族"是至关重要的两个概念，它们是维系乡土社会"家国天下"存在的核心力量，没有它们，就没有乡土中国。

《乡土中国》前七篇文章的主要阅读目标：能够读懂，养成良好的阅读习惯，拓展阅读视野；把握关键语句，理解文章内容，增进对传统乡土社会的认识；积累阅读整本书的经验，逐步形成适合自己的阅读方法。

2.阅读方法

(1) 把握关键语句

关键语句是能提示语段主旨或概括主要内容的词语和句子，在语段中有牵一发而动全身的作用。在表达方式相同的语段中，关键语句往往分布在开头、结尾或中间；在多种表达方式混用的语段中，议论句、抒情性强的语句是关键。阅读时把握好关键语句，能帮助我们快速理清文章结构，带动整体阅读。

示例：

在说话时，我们可以不注意文法。并不是说话时没有文法，而是因为<u>我们有着很多辅助表情来补充传达情意的作用</u>（批注：说话是面对面直接接触，有很多辅助表情可帮助传达情意）。我们可以用手指指着自己而在话里吃去一个我字。在写作时却不能如此。于是我们得尽量地依着文法去写成完整的句子了。不合文法的字词难免引起人家的误会，所以不好。说话时我们如果用了完整的句子，不但显得迂阔，而且可笑。这是从书本上学外国语的人常会感到的痛苦。

<u>文字是间接的说话，而且是个不太完善的工具</u>（批注：文字是间接接触，在"熟悉"的社会是没必要的工具）。当我们有了电话、广播的时候，书信文告的地位已经大受影响。

——《乡土中国·文字下乡》

(2) 抓住核心概念

费孝通先生说《乡土中国》"不是一个具体社会的描写，而是从具体社会里提炼出的一些概念"，《乡土中国》的突出价值正在于其提出了这些恰当表述中国乡土社会的概念，并建构了本土化的社会学理论，因此，把握作者提出的核心概念是读懂本书的关键。读到概念，我们要停下来思考：这些概念是在哪些部分、什么语境中提出的？内涵是什么？属于一般概念还是核心概念？如何围绕概念展开讨论？学生应该顺手圈画概念和相关语句，读完全书把他们排列在一起，这样就有了一张阅读的"线路图"。

示例：

<u>为什么我们这个最基本的社会单位的名词会这样不清不楚呢？在我看来却表示了我们的社会结构本身和西洋的格局是不相同的</u>（批注：作者通过与西洋团体格局对比的方式来论述中国乡土社会的差序格局），<u>我们的格局不是一捆一捆扎清楚的柴，而是好像把一块石头丢在水面上所发生的一圈圈推出去的波纹。每个人都是他社会影响所推出去的圈子的中心</u>（批注：作者没有对"差序格局"这一核心概念下一个严格意义上的定义，而是用水波纹的形象比喻指出其特点：以"己"为中心，有差等地向外推）。被圈子的波纹所推及的就发生联系。每个人在某一时间某一地点所动用的圈子是不一定相同的。

——《乡土中国·差序格局》

3. 阅读任务

任务1：初步了解中国乡土社会的性质

费孝通先生在《乡土中国·重刊序言》中说，《乡土中国》要尝试回答"作为中国基层社会的乡土社会究竟是个什么样的社会"这个问题。读了第一篇《乡土本色》，你是否有了初步答案？读完《乡土中国》前七篇，你能不能有条理地、简要地阐述自己对这个问题的理解呢？

名师点拨

阅读学术著作要有"预期","何为乡土社会"是《乡土中国》的核心问题。《乡土中国》中所谓的"乡土"是指居住着中国绝大多数居民、进行小农生产的广大农村。《乡土本色》论述乡土社会的基本特征是乡土性,农民讲究长久定居,安土重迁,乡土生活富于地方性。中国乡土社会结构是一个以己为中心向外推的伸缩自如的、有差等的"差序格局",传统乡土社会里所有的社会道德也只在私人联系中发生意义,人们在感情上尤其是在两性间有着矜持和保留,乡土社会是一个稳定的社会,是个男女有别的社会。

任务2:抓住并理解核心概念

阅读学术著作要特别关注其中的重要概念,把握核心概念是阅读《乡土中国》的钥匙。在《乡土中国》中,费孝通先生将西方社会的事实与中国乡土社会进行对比,突出中国社会的乡土性。请梳理《乡土中国》前七篇中指称乡土社会的概念和与之相对应的指称其他社会的概念,填写下面的表格(如表3-4)。圈画书中概念时,要注意它是在哪个部分、什么语境中提出的,同时圈画对这个概念进行分析论述的关键语句,并进行批注,说说自己对概念含义的理解。

表3-4 《乡土中国》前七篇中乡土社会和其他社会概念指称表

序号	指称乡土社会的概念	指称其他社会的对应概念
1	礼俗社会	
2	面对面的社群	
3		团体格局
4		团体道德
5		家庭
6		两性恋爱

名师点拨

费孝通先生善于从具体社会生活中提炼出一些概念,来表达存在于具体事物中的普遍性质,表达对社会现象的理性认识。前七篇文章中存在对比关系的指称乡土社会和指称其他社会的概念主要有:"礼俗社会"和"法理社会","面对面的社群"和"借助文字的社会","差序格局"和"团体格局","系维着私人的道德"和"团体道德","小家族"和"家庭","男女有别"和"两性恋爱",等等。找到这些核心概念后,学生结合作者的论述及相关资料概括出概念的含义及特点。例如,从第四篇《差序格局》中找到水滴的比喻,阅读后在旁边批注:差序格局是指由亲属关系和地缘关系所决定的有差等的次第关系。其实,抓住并理解核心概念,就是在理解作者观点,把握乡土中国的社会特点。

任务3:关注《论语》引证

为了在东西方文明的比较中说理,费孝通先生在《乡土中国》中引用了大量外国文献,也征引了大量中国文献,其中对《论语》

的引用就多达数十次。其实，费孝通先生不仅利用《论语》印证自己的观察与经历，还从中国历史文化传统、日常社会以及自己熟悉的社会学学说等视角来阐释自己信手拈来的古代经典，并使之获得了当代新生。你能写一篇短评，谈谈自己的理解吗？

名师点拨

本阅读任务意在引导学生从引用文献的角度深化对作者观点和重要概念的理解，把握本书的论证逻辑，同时也增进对《论语》等传统文化经典的理解。

如《再论文字下乡》引"不知老之将至"（《述而》）描述乡土社会的定型生活；《系维着私人的道德》将《论语》不同篇章里对"仁"和"忠"的解释进行对比，论证差序格局中的道德是系维在私人关系上的……

任务4：梳理并分析典型的"中国的事实"

费孝通先生在《乡土中国》的后记中说："我在这本书里是以中国的事实来说明乡土社会的特性。"请带着问题跳读《乡土中国》前七篇，梳理所援用的典型的"中国的事实"，注意作者是怎样从调查材料中提炼典型现象的，并分析这些"事实"分别说明了乡土中国哪个方面的社会特性。

名师点拨

本阅读任务意在引导学生从"中国的事实"的角度读懂一篇篇文章，把握乡土中国的社会特点，理解费孝通先生田野调查的研究方法。

《乡土中国》中所援用的典型的"中国的事实"有很多：作者

在实地考察中的所见所闻，如乡下的孩子会捉蚂蚱，教授的孩子会识字（《文字下乡》）；自己的生活经历，如看到苏州普通人家往河里倒垃圾（《差序格局》）……费孝通先生驾轻就熟，百姓生活场景乃至细节信手拈来，让深入的理论和学术思考接通读者的日常经验和感受。

4. 阅读分享

阅读下面的材料，根据要求写作。

时代的洪流正不断推动着中国社会从乡土本色走向现代化，但《乡土中国》中的"落叶归根""熟人社会""差序格局""圈子"等概念至今仍是人们议论的话题。有人说，逢节归乡，人情冷暖，乡土社会的特征在当今时代也并未改变；也有人感叹，书中谈到的许多风土人情在我国现代农村早已不复存在，乡愁的味道也越来越淡，种种改变使时代已然换面……

以上材料给人启示，引人深思。请结合材料写一篇文章，体现你阅读《乡土中国》的感悟与思考。

要求：选准角度，确定立意，明确文体，自拟标题；不要套作，不得抄袭；不少于800字。

"乡土社会"烛照现代生活

安徽省合肥市第十中学高二（33）班　黄奕

初读《乡土中国》，我总是怀疑：时代远去，世事变迁，乡土社会的印记随着时间一并消逝了吗？

传统的乡土社会，在费老笔下是个"面对面的社群"。同耕一方地，共饮一井水，熟悉到"连文字都是多余的"，甚至"连语言都并不是传达情意的唯一象征体系"。整个社会是熟悉的、静止的、稳定的。而现代社会，似高速路上的车流，你追我赶，不断变换着车道。整个社会呈"布朗运动"，片刻不停地在流动，地缘似乎不存在了，甚至整个世界都变成了"地球村"。

传统乡土社会的结构是较为单一的"差序格局"，"圈子"和边界单调而清晰，几乎是一"局"定终身。但现代的社会结构是多元的，每个人所在的"圈子"因时而变，因事而变。"差序格局"仍在，但更多的是因利益关系和现实需要而形成的动态的"团体格局"，既不固定，也不长久。

乡土社会里的人因为"圈子"小，"面对面"，所以格外注重个人信誉和口碑，相互之间以诚相待，以心相交。人们聚族而居，家长里短，相亲和睦，彼此信任，以至于契约和法律都没有存在的必要。而在现代社会里，很多时候人们相互设防，得用"签字""画押"来确保诚信。

乡土社会里，"终老是乡""少有所养""老有所依"是生活常态。但现代社会的人们，迫于生计，奔波四方，"空巢老人""留守儿童"问题日趋严重，"常回家看看"成了幸福的愿景。

时代在发展，进步与弊端同在，我们怀念乡土社会里友善、淳朴等优良品质，也不否认社会进步带来的诸多便利，同时，还要满怀希望，相信乡土社会的诸多规则依然在深刻地影响当下。

现实社会中家庭教育的"言传身教"与"差序格局"中的"口口相传"似乎相通；"求稳怕乱，安居乐业"又何尝不是大多数中国人的生存哲学呢？"诚信友善"更是社会主义核心价值观的具体要求。

"不信神佛信祖先"的信仰体系，不崇洋媚外的民族筋骨，吃苦耐劳的农耕文化，寄寓乡土情结的方言俚语……这些共同凝结成中国源远流长、永不消失的民族魂与文化精神，烛照现代社会的现实生活。

[本文刊发于2023年第10期《作文素材·品读经典（高中版）》"《乡土中国》"专栏]

（三）绘制思维导图，撰写内容提要——读懂《乡土中国》后七篇

1. 阅读内容

《乡土中国》后七篇文章可以分为两大部分。第8—11篇为第一部分，分析维持礼治社会的力量、理想手段以及理讼方式，明确乡土社会存在的三种权力类型，进而论述乡土社会的权力结构。第12—14篇为第二部分，观察变迁中的乡土社会，论述社会变迁是如何产生的，阐释乡土社会与现代社会的区别，帮助我们联系当下社会转型的背景，理解本书的现实意义。

《乡土中国》后七篇文章的主要阅读目标有：把握文章主要内容，理清文章论证思路，绘制思维导图，撰写内容提要，认识乡土中国在社会变迁中迈入现代社会的过程；培养知识结构化的习惯，提升阅读学术专著的能力。

2. 阅读方法

（1）绘制思维导图

温儒敏教授认为，阅读学术著作"最费工夫的，是要厘清其论

证思路"。绘制思维导图可以清晰呈现作者的论证思路：或以概念为核心词，把握概念特征，梳理出概念之间的关系；或以篇章、段落为对象，理清段落与段落间、论据和观点间的关系，弄清论证逻辑；或以问题为中心，勾连、整合散见于各章节的相关知识，建立章节之间的联系。绘制思维导图，可以深化对概念的理解，理清行文脉络，明确论证逻辑。

示例（如图3-1）：

<u>从社会冲突一方面着眼的</u>（批注：横暴权力的基础是社会冲突），权力表现在社会不同团体或阶层间主从的形态里。在上的是握有权力的，他们利用权力去支配在下的，发号施令，以他们的意志去驱使被支配者的行动。权力，依这种观点说，是冲突过程的持续，是一种休战状态中的临时平衡。冲突的性质并没有消弭，但是武力的阶段过去了，被支配的一方面已认了输，屈服了。但是他们并没有甘心接受胜利者所规定下的条件，非心服也。于是两方面的关系中发生了权力。权力是维持这关系所必需的手段，<u>它是压迫性质的，是上下之别</u>（批注：这里的完整表述是"权力是压迫性质的，权力是上下之别"，明确了横暴权力的性质）

——《乡土中国·无为政治》

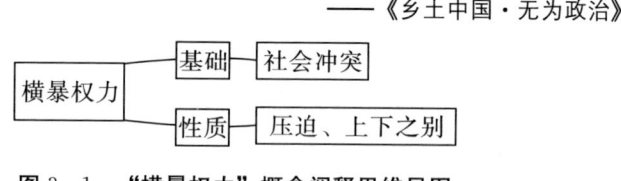

图3-1 "横暴权力"概念阐释思维导图

（2）撰写内容提要

内容提要是对文章主旨的"提要""钩玄"。撰写内容提要应在阅读全文的基础上，摘录和使用文中的关键概念，归纳各篇的主旨，简要概述文章的主要内容。撰写时可以用"首先""然后""接着""最后"等词语，串联起内容提要的主要元素。归纳每篇的主要内容，撰写内容提要，进而把握各篇之间的内在联系，就能把握《乡土中国》的知识体系了。

以第12篇《血缘和地缘》为例，此篇谈论的主要是"从血缘结合转变到地缘结合是社会性质的转变"。我们在通读全篇的基础上，摘录关键概念，用前面提到的"首先""然后"等词语将关键概念连接起来，就可以完成这一篇的内容提要：

本篇首先说明了血缘是由人和人的权利、义务根据亲属关系决定的，血缘是稳定的力量。然后阐述在稳定的社会中，地缘不过是血缘的投影。接着表明在变化剧烈的社会，地缘较血缘而言更占优势，明确了地缘是契约社会的基础。最后借对这两个概念的区分，表明从传统社会到现代社会，关键在于从血缘结合到地缘结合的转变。

3. 阅读任务

任务1：把握乡土社会的权力类型

《乡土中国》后七篇中分析了乡土社会的权力结构，并在《无为政治》《长老统治》《名实的分离》中集中论述了四种权力类型——横暴权力、同意权力、教化权力、时势权力，用的是比较研究的方法。请梳理相关内容，对比、归纳它们各自的特征，绘制思维导图。

名师点拨

比较研究是《乡土中国》的一大特色，书中出现过很多组对比概念。阅读时可借助思维导图的形式，从多个角度对几个概念进行比较，把握概念的内涵和概念间的关系。绘制思维导图时，首先要围绕概念梳理关键信息；其次需要互为参照，进行对比；最后提取有效信息，兼顾审美功能，完成思维导图。例如：跳读第 10 篇，从"它是压迫性质的，是上下之别""这种权力的基础是社会契约，是同意""而所具的目的也很难想象不是经济的""同意权力却有着一套经济条件的限制"等内容中，可以提炼出"性质""基础""目的""限制条件"等；再从第 10、11、13 篇中提取信息，明确四种权力类型的性质、基础、目的和限制条件；最后根据内容、结构等选择合适的思维导图类型，即可完成思维导图的绘制。

任务 2：分析血缘与地缘的分离，探究乡土的变迁

下图（如图 3-2）宅基地的布局充分体现"长幼有序"：堂屋是父母的，东屋是长房，西屋是二儿子的。这种布局体现了地缘与血缘以重合的方式布排了社会的权力和秩序。恰如费孝通先生在第 12 篇《血缘和地缘》中所说："在稳定的社会中，地缘不过是血缘的投影，不分离的。"他还提到血缘和地缘的分离，可见，对血缘和地缘的分离关系的分析是理解本章主旨的关键。请认真阅读第 12 篇《血缘和地缘》，探究两者的分离关系，帮助自己理解本章关键内容。

图 3-2　乡土社会中宅基地布局图

名师点拨

本阅读任务意在引导学生通过梳理关键概念之间的关系，明确作者的观点，理解作者论证的思路，同时增进对我国从乡土社会到现代社会的变迁缘由的理解。

梳理血缘与地缘呈现出的不同类型的关系，思考费孝通先生采取比较的办法论证了什么观点，又是如何通过关系的梳理解释社会变迁的缘由的，这些不仅会为我们撰写内容提要提供逻辑支撑，还能帮助我们了解我们从哪里来、又将要去往何处。

任务 3：关注论证结构

阅读学术著作，需要关注篇章的论证结构。有时作者为了让自己的观点更流畅地呈现出来，会在直接表述观点之前做许多铺垫说明的工作。请你认真阅读第 13 篇《名实的分离》，探讨其在谋篇布局上的特点。

名师点拨

《乡土中国》中很多章节的关键概念在标题中就已经有所显示，这为我们阅读本书提供了方向。第 13 篇《名实的分离》有别于第 12 篇《血缘和地缘》的开宗明义，这篇文章看似主要在谈时势权力、横暴权力等权力结构，直到最后一段才谈及篇名"名实的分离"——表面上承认长老权力下的传统规制，事实上却以注释的方式阐明另一种观点，这就是"卒章显志"。

任务 4：分析篇章间的关联及各篇章与全书的联系

如果说梳理关键概念是微观的解读，理清单篇文章的逻辑思路是中观的分析，那么建立篇章间的关系以及理清单篇与全书的联系则是宏观的把握。阅读第 8—14 篇，分析篇章之间的内在关联及与本书标题《乡土中国》的整体联系。

名师点拨

在《乡土中国》第 8—11 篇中，《无讼》是《礼治秩序》的一种具体表现，《礼治秩序》《无讼》又是《无为政治》《长老统治》的理论与事实基础，为以"教化权力"为核心的"长老统治"提供了必要性。这四篇是从政治、法律的角度来阐释乡土中国的特性。第 12—14 篇的篇名中都有两两相对的概念，分析了乡土社会在经济、思想观念以及行为动机方面的变化，这三篇是从社会变迁的角度引导读者更深入地了解乡土中国。

4. 阅读分享

阅读下面的材料，根据要求写作。

在源于乡土的中国社会中，"家人"是最温暖、最亲近的家庭成员间的称谓。《中国青年报》曾经的一项调查显示，93.0%的受访青年与父母存在沟通障碍，不愿在家庭群中发言，但在互联网平台频繁用"家人们"称呼那些与自己有共同爱好的网友们……

上述现象，引人深思。请结合材料写一篇文章，体现你阅读《乡土中国》的感悟与思考。

要求：选准角度，确定立意，明确文体，自拟标题；不要套作，不得抄袭；不少于800字。

时移世换，"家人"何归？

——读《乡土中国》有感

安徽省合肥市第十中学高二（27）班　吴玥

在乡土社会中，"家人"这个词应该是最温暖、最亲切的，代表着亲情、亲密和关爱。然而，近年来"家人"一词在互联网上逐步泛化，"家人们"更是成了普适表达。这一现象让我想起费孝通先生的《乡土中国》一书，该书与这一现代社会的情感现象有着某种联系。

费孝通先生在《乡土中国》中提出了"名实的分离"这一概念，认为中国传统社会中家长权威、地位等名义性因素，随着社会的变迁，与实际生活事实之间产生了脱节。我认为当下这种社会现象就是"名实的分离"。

青年与父母之间的沟通障碍，以及他们更愿意在虚拟社交平台上与"家人们"交流，反映了一种社会变迁的现实。随着城市化和社会现代化进程的加快，中国家庭的结构和价值观不同以往。亲人之间不再仅仅通过血缘和传统礼仪相互联系，家庭关系逐渐变得复杂，受到了社会、经济、文化等多重因素的影响。

这一情感上的"名实分离"也许源于青年一代的追求与现实之间的落差。他们在父母身上感受到了"长老"的权威，而自己则希望追求更多的自由和个人价值的实现。在这种情况下，与亲人之间的沟通可能更多地集中在日常生活的琐事上，而真正亲密的情感交流则愈加稀少。

青年在互联网平台上频繁使用"家人们"这一称呼，与具有共同兴趣和爱好的网友们建立了紧密的关系。这种现象反映出随着社会的变化，年轻一代正在更自觉地表达"需要"。在虚拟社交中，他们自愿且主动，与"志同道合"的互联网朋友们在一起，他们可能感到更自由、更舒适，因为这里没有传统社交中的期望和压力。他们内心对家人的情感需求，在素不相识的网友身上得到了满足。

不过，虚拟社交的便利性和自由性固然重要，但与亲人之间的情感交流相比，可能更容易流于表面和虚伪。在这个被虚拟社交充斥的时代，我们需要更多地回归乡土情感，珍惜家庭的温暖，通过坦诚的对话和情感表达来弥合代际之间的隔阂，感受亲情的真实力量。

[本文刊发于 2023 年第 11 期《作文素材·品读经典（高中版）》"《乡土中国》"专栏]

（四）巩固阅读成果，关注当代价值——让阅读照进现实

1. 阅读内容

读完《乡土中国》的 14 篇文章，还不能算"读懂"《乡土中国》。全书的 14 篇文章是一个整体，共同回答了"作为中国基层社会的乡土社会究竟是个什么样的社会"这一核心问题，并从乡村社

区、文化传递、家族制度、道德观念、权力结构、社会规范、社会变迁等诸多方面深度解剖中国乡土社会。我们应反复阅读，调动自己的经验和知识积极思考；参阅资料，促进对学术著作的理解；知人论世，全面认识费孝通先生的学术思想和成就。

这一阶段，我们的主要阅读目标有：梳理全书大纲小目，分析整体框架，把握知识体系；关注研究思路，理解《乡土中国》所采用的田野调查、比较研究等研究方法；学以致用，针对转型关键期社会的巨大变化，开展调查研究，进一步认识我们的国家和人民。

2. 阅读方法

（1）梳理大纲小目

阅读《乡土中国》，要关注每篇文章的首尾部分，注意篇章之间的过渡句段，找寻"大纲""小目"间的内在关联，把握本书的学术知识体系。"大纲"即整本书的基本观点，"小目"是支撑基本观点的次一级阐发性观点，"大纲"和"小目"相互联系，纲举则目张。（如表3-5）

表3-5 《乡土中国》学术知识体系

核心问题	大纲	小目	
作为中国基层社会的乡土社会究竟是个什么样的社会？	从基层上看去，中国社会是乡土性的：土气、聚居、熟人社会。	无需文字的熟悉社会	面对面的社群，文字是多余的。
			历世不移的社会，语言足够传递世代间的经验。
		社会关系	
		维护社会关系的原理	
		社会变化的本质	

(2) 关注研究思路

《乡土中国》是基于田野调查的研究著作，阅读时要注意作者是怎样从调查材料中提炼出典型的现象，从而形成概念的，又是怎样上升到理论的高度进行阐释的。不仅要知道结论，还要注意形成结论的过程，看作者是怎样通过辨识、分析、比较、归纳，来提出和研究问题的，以及获得新的理论发现的，甚至开拓新的研究领域的。

示例：

以我个人在社会学门内的工作说，这是我所努力的第二期。<u>第一期的工作是实地的社区研究</u>（批注：即田野调查，指所有实地参与现场的调查研究工作，也称"田野研究"，是人类学学科的基本方法论）。我离开清华大学研究院之后就选择了这方面。二十四年的夏天，我和前妻王同惠女士一同到广西瑶山去研究当地瑶民的生活……<u>第二期工作是社会结构的分析，偏于通论性质，在理论上总结并开导实地研究</u>（批注：本书属于"社会结构的分析"，进行田野调查收集资料，然后从材料中提炼典型的现象，形成概念，上升到理论）。《生育制度》是这方面的第一本著作，这本《乡土中国》可以说是第二本。

——《乡土中国·后记》

3. 阅读任务

任务 1：再读文本，找论述关联

《乡土中国》共有 14 篇文章，这 14 篇文章不是毫无关联的，当你阅读完整本书之后，是否能明确它们彼此之间的关系呢？

名师点拨

本阅读任务旨在培养学生在整本书阅读基础上的理性思辨的能力，即阅读学术著作要能抓取书中的主要观点并辨析它们之间的关联。

第1篇《乡土本色》是纲领性的，是全书的总纲。第2篇、第3篇从"语言文字"切入，深度挖掘推行"文字下乡"工作应该注意的前提。第4篇《差序格局》引出核心概念。《差序格局》《系维着私人的道德》《家族》《男女有别》4篇，着眼社会结构来论述乡土社会的道德伦理。《礼治秩序》和《无讼》均在论述乡土社会的社会秩序。《无为政治》《长老统治》是在论述权力结构问题。《血缘和地缘》《名实的分离》《从欲望到需要》3篇，主要论述社会变迁如何产生。

任务2：拓展阅读，关注研究思路

《禄村农田》是费孝通先生第一期工作的代表作，《乡土中国》可以作为第二期工作的代表作。学生可以通过两本书目录中的篇章名称来谈一谈这两期工作的不同以及这两期工作有什么样的联系。

名师点拨

《禄村农田》谈论的是具体的区域——禄村，而且围绕农业、经济方面的具体现象来探讨，不分析现象背后的成因；《乡土中国》不谈论乡村的具体领域，多从文化、制度的角度来阐述"何以中国"。

第二期工作是在第一期工作收集材料的基础上，提炼概念、形成理论的。所以《乡土中国》的研究思路就是进行田野调查收集资料，然后从材料中提炼典型的现象，接着形成概念，最后上升到理论。

任务3：收集资料，学习调查方法

请学生课后搜集相关资料，共同探讨，进一步认识田野调查和比较研究两种方法。

名师点拨

"田野调查"指所有实地参与现场的调查研究工作，也称"田野研究"，它被公认为是人类学学科的基本方法论，也是最早的人类学方法论。田野调查可分为五个阶段：准备阶段、开始阶段、调查阶段、撰写调查研究报告阶段、补充调查阶段。

"比较研究"强调对若干类型进行比较，即把社会整体看成一个实体，这个实体由不同的方面构成，不同方面之间的关系即为结构，不同的结构有其配合的原则，对不同社会的结构和原则的比较，就是类型比较。

任务4：学以致用，思考现实问题

下面是一则调查反馈，阅读后你能获得哪些认识？试着从《乡土中国》中寻找理论支持。

燕儿塄村，是一个以徐、郭、张三姓为主的村庄，至今还保留着各种传统的习俗，如说媒、定亲、结婚等传统的礼仪。婚后生了孩子，第三天或第九天，要办"三朝"或"九朝"，娘家人要到婆家来祝贺，婆家则以最高的礼仪迎接娘家人。等到孩子周岁时，要举行隆重的"抓周"礼。这些习俗充分体现了耕读传家的思想，寄寓着家族人丁兴旺的美好愿望。村里有为60岁以上老人举行寿礼的习俗，表达了人们对长辈的敬重。

名师点拨

从上述材料中可以看出当今中国农村在发展经济的同时仍然保留了很多传统习俗，如形成婚姻的过程、孩子出生后的仪式等。"徐、郭、张三姓为主的村庄"的存在，也让我们看到了以"血缘"来维系的"地缘"的稳定性。同时，《乡土中国》中所提到的"差序格局"和"家族"的特点也可在乡村社会人们之间的走动中显现端倪。

4. 阅读分享

《乡土中国》的理论创见源于费孝通先生艰苦卓绝的田野调查，他参与到当地人的生活中，在特定的空间和时间内，观察、体验与记录人们的日常生活，最后根据一定的理论，完成相应的调查报告。

请学生依据《乡土中国》中的理论，采用田野调查、资料查阅等方法，选择一个角度对家乡的风土人情进行考察，形成一篇调查报告。

要求：选准角度，明确文体，自拟标题，贴合实际；800 字左右。

关于农村礼宴习俗的调查报告
安徽省合肥市第十中学高二（17）班　胡煜昕

一、调查目的

探究传统乡土格局在乡镇的现状。

二、调查对象概况

合肥市肥东县长临河镇，地处肥东县南部，户籍人口有 4.9 万人,经济格局由乡镇企业、外出务工、新兴旅游业和本地农业组成,青壮年人口中外出务工或经商的占总人口的八成。

三、调查过程和方法

1. 实地到肥东县长临河镇询问当地居民从前和现在村中发生的变化,了解目前村中办红白事随份子的情况,询问当地居民对自己邻居的了解程度。(田野调查法)

2. 到村委会查找相关资料。(资料查询法)

3. 参加村中举办的婚礼。

四、调查结果及分析

调查主要集中在农村举办红白事时人们的表现和份子钱的习俗方面,这些行为体现出差序格局之下人们的互帮互助。然而,随着办事摆酒席的名目逐渐增多,以及外出务工进而退出随份子这一传统的人员数量的增多,亦可窥见传统乡土格局在市场经济冲击下的瓦解。近年来,农村离婚率的上升也反映出传统习俗对人的约束力减弱,礼俗社会日益受到冲击。更为重要的变化是传统乡绅的退出。如今在村庄中有话语权的人,一般是商业成功人士、公职人员等,并不是原来的宗族长辈和对社会规则最为熟悉的老人。

正如费孝通先生所论述的那样,乡土社会是血缘大于地缘,血缘是稳定的力量,地缘不过是血缘的投影。真正能对这一关系造成冲击的是商业的发展,在亲密的血缘社会中商业是不能存在的,商业是在血缘之外发展的。血缘是身份社会的基础,而地缘却是契约社会的基础。从血缘结合到地缘结合,这是社会性质的转变,也是社会史上的一个大转变,发生这一变化的根本原因是市场经济的发展所带来的商业上巨大的繁荣。

中国农村正在从熟人社会向半熟人社会转变。半熟人社会有两重内涵：其一是信息层面的，讲的是农民之间由于交往距离和交往频率的问题，一个村里的人也只是半熟悉，相互之间不再知根知底；其二是规则层面的，讲的是农民之间虽然相互熟悉，但在交往中不再遵照熟人社会的行为逻辑，不再讲究人情面子，不再讲究血亲情谊，也就是交往规则变了。

[本文刊发于2023年第12期《作文素材·品读经典（高中版）》"《乡土中国》"专栏]

《红楼梦》整本书阅读

本部分收录《聚焦教材单元，落实整本书阅读教与学——以《红楼梦》整本书阅读教材单元为例》（刊发于《教育文汇》）、《整本书情境化阅读任务的特点及设计——以《红楼梦》整本书阅读为例》和《〈红楼梦〉导读》三篇文章。

聚焦教材单元，落实整本书阅读教与学
—— 以《红楼梦》整本书阅读教材单元为例

如果说《普通高中语文课程标准（2017 年版 2020 年修订）》将"整本书阅读与研讨"设置为学习任务群、整本书阅读被确定为国家课程内容让人们振奋，那么统编高中语文教材设置整本书阅读单元可能让不少语文老师备受困扰。新教材设置了两个整本书阅读单元，分别是《乡土中国》整本书阅读单元（必修上册第五单元）、《红楼梦》整本书阅读单元（必修下册第七单元）。整本书阅读单元的设置体现了新教材"落实普通高中语文课程标准要求"的编写理念。

（一）整本书阅读教材单元的内容单位

整本书是任何人都可以阅读的社会文本，每个人都可以选择自

己喜欢的方式自由阅读整本书。但被提升到国家课程层面的整本书阅读是教学内容，是教师的日常教学任务，与单篇课文拥有同等的教学地位。学生要像学单篇课文一样学整本书阅读，老师要像教单篇课文一样教整本书阅读。那么如何贯彻新课程理念，落实整本书阅读的教与学呢？答案就在整本书阅读教材单元的内容中。现以新教材必修下册第七单元《红楼梦》整本书阅读单元为例，解析其中的单元导语、导入语、阅读指导和学习任务等内容单位。

1. 单元导语

单元导语明确指出《红楼梦》整本书阅读的目标是"建构阅读长篇小说的方法和经验"，并将之具体化——通读全书，"梳理小说主要情节，理清人物关系，理解和欣赏人物形象，探究人物的精神世界，整体把握小说的思想内容和艺术特点"。从教材内容中不难看到，整本书阅读的目标是提升学生核心素养，让学生学会怎样阅读"这一类"书，而不是只要学生读透"这一本"书。

上述理念和新课程标准的理念一致：整本书阅读"旨在引导学生通过阅读整本书，拓宽阅读视野，建构阅读整本书的经验，形成适合自己的读书方法，提升阅读鉴赏能力，养成良好的阅读习惯"。安徽省《普通高中语文学科教学指导意见》将整本书阅读教学目标提炼为："引导学生通过阅读整本书，建构阅读经验，形成读书方法，并能够在高中阶段运用这些经验与方法阅读相关作品。"

2. 导入语

导入语从整体到局部，从场面到情节，从日常生活到思想内容、文化底蕴，整体介绍《红楼梦》的基本情况，突出《红楼梦》百科全书式的特点，让学生认识到这是一本值得一读再读的"大书",从而激发学生的阅读兴趣,引发阅读期待。

3. 阅读指导

阅读指导基于高中生阅读实际提供六大阅读方法和阅读策略,这些方法和策略不仅适用于《红楼梦》的阅读,同时兼顾长篇小说这一类书的阅读。

整本书阅读要从内容到形式把一本书看作一个完整的独立的"生命体",通过完整阅读全书,实现读者与作者生活经验的对接。"通读全书,整体把握其思想内容和艺术特点"是整本书阅读的首要任务。

4. 学习任务

单元导语提示在进行整本书阅读时"可以从最使自己感动的故事、人物、场景、语言等方面入手,反复阅读品味,获得审美感悟,丰富自己的精神世界",在这里具体为六大阅读任务或专题项目,它们构成前后关联的结构化的语文实践活动系列。

教师可以指导学生根据阅读兴趣,选择他们最愿意集中时间和精力来挑战的一个或几个专题,进行自主阅读,深入探究,建构阅读整本书的方法和经验,提升阅读鉴赏能力。

(二)整本书阅读单元教学的课程规约

统编高中语文教材设置整本书阅读单元,意味着整本书阅读教学要进行大单元设计。崔允漷教授说:"单元代表了课程的最小单位,单元就是课程的细胞,是个完整的学习故事,花多少时间学什么、怎么学,学到什么程度,学会了没有?这就是课程。"由此可见,新教材的"单元"与"课程"具有同质性。新教材的大单元设置，标志着教学的逻辑起点是课程。

课程标准对"整本书阅读与研讨"学习任务群的要求是："在必修阶段安排1学分，18课时。应完成一部长篇小说和一部学术著作的阅读，重在引导学生建构整本书的阅读经验与方法。"课程意识强的老师不难理解：认定"1学分"是课程评价，"18课时"指的是课程实施，"一部长篇小说和一部学术著作"是课程内容，"引导学生建构整本书的阅读经验与方法"是课程目标。据此，教师可以将教材单元的单元导语、导入语、阅读指导、学习任务等非学习单位，根据教学需要和规范融合成课程目标、课程内容、课程实施和课程评价等课程元素。下面以新教材必修下册第七单元为例，谈谈如何基于教材单元建构整本书阅读的课程体系。

1. 课程目标

目标是单元学习的灵魂。本着目标表述要全面、适当、清楚的原则，整合教材单元中的单元导语、导入语、阅读指导、学习任务等内容单位，《红楼梦》整本书阅读课程的目标确定如下：

第一，阅读《红楼梦》全书，体会作者在日常生活的细腻叙写中寄寓的深刻思想内容与丰富文化内涵，了解小说展现的社会风貌和生活习俗，领悟小说深厚的社会内涵。

第二，梳理《红楼梦》的主要情节，理清情节主线，把握小说情节精巧的艺术结构；培养读书的耐性和兴趣，构建并积累阅读长篇小说的方法和经验。

第三，理清人物关系，欣赏人物形象，把握主要人物复杂的性格，把握文本的丰富内涵和精髓，深入探究作品的内涵和主旨。

第四，分析小说的艺术手法，整体把握小说的艺术价值，获得审美感悟，丰富自己的精神世界；品味和欣赏小说的语言，撰写故事梗概、作品提要和读书笔记，学写综述，提高语言鉴赏和运用能力。

2. 课程内容

李海林先生在《语文课程改革的进展、问题及前瞻》一文中谈道："课程的本体在课程内容，课程改革的核心是课程内容的选择与重构。"《红楼梦》整本书阅读进入课程层面，就需要基于教材单元，由粗到细、由整体到局部地确定具有教学价值的内容，即课程内容。

整本书阅读突出的是"整"，学生要用跳读、浏览、略读等阅读方法来整体把握《红楼梦》全书的思想内容和艺术特点。从这个层面来说，《红楼梦》整本书就是课程内容。同时，教师需要根据整本书阅读由粗到细、逐步推进的原则，进一步确定专题研读的课程内容。

教材建设是国家事权，确定整本书阅读的课程内容必须严格遵守课程规约，尊重新教材。教材单元设计的把握《红楼梦》中的人物关系、体会人物性格的多样性和复杂性、品味日常生活描写所表现的丰富内涵、欣赏小说人物创作的诗词、设想主要人物的命运或结局、体会《红楼梦》的主题六大学习任务，应该作为《红楼梦》整本书阅读的课程内容。当然，教师在实际教学中也可以根据学校的办学特色，尊重学生的阅读兴趣和方向，师生共同商定整本书阅读的部分课程内容。

3. 课程实施

课程实施是指教师教授课程内容来实现课程目标。《红楼梦》

整本书阅读设计有六种课型、九个课时，从全书通读、文本细读、阅读提升三个阅读维度，由整体到部分，由粗到精，再触类旁通，实现"读好'这一本'，会读'这一类'"的课程目标。

整本书阅读的关键是"读"。学生用浏览、快读、猜读、跳读等阅读方式自主通读，"连滚带爬"读完全书，获得全书的整体印象，这就是"全书通读"。"文本细读"是以活动为载体完成教材单元的六大学习任务，"深入研读作家作品""在反复阅读过程中，每读一遍，重点解决一两个问题，有些地方应仔细推敲""反复阅读品味，深入探究"等是新课程标准给出的"文本细读"方法。"阅读提升"是对阅读的沉淀和升华，将阅读所得转化为素养，读懂了"这一本"书，更建构了"这一类"书的阅读经验。

4. *课程评价*

没有评价，就没有课程。课程评价是指如何确定课程目标已经或正在得到实现。课程评价的最终目的是促进学生发展；课程评价所获得的信息也是教师教学反思的重要依据，是教师设计单元教学的决策基础。整本书阅读的课程评价采用定性和定量结合的多元评价方式，侧重发展评价、人文评价，评价措施要清晰且可操作。

课程实施过程中就嵌入评价，用过程数据及时、准确地呈现阅读表现，这是"过程性评价"。"终结性评价"则包括学生互评、老师评价、考试检测、阅读成果等方面。两种评价综合后的成绩，即为整本书阅读课程的总评，据此赋予"整本书阅读与研讨"学习任务群的学分。

(三)《红楼梦》整本书阅读课程体系

崔允漷教授反复强调:大单元要"综合考虑单元设计的要素,包括名称、课时、目标、情境、任务、活动、资源、评价等,并以相对规范的格式呈现出完整的设计方案"。整本书阅读教材单元的教学方案是"三维度六课型九课时整本书阅读课程体系"。

课程目标、课程内容、课程评价等前文已有论述,这个部分重点阐述整本书阅读课程的具体实施。教师是课程设计者,要从专业角度设计整本书阅读课程实施方案,让学生从不会读、读不懂,到掌握阅读策略、深入理解文本。

用9个课时完成整本书阅读大单元教学已是共识。整本书阅读课程以"读"为基点,以学生活动为主线,突出不同课型阅读的实践与体验,强调阅读的逐步深入与整本书阅读的统整性。下面简单介绍整本书阅读六种课型。

导读课的任务在"导",重点是"激发兴趣"。让学生明白阅读一本书的意义,使其掌握一定的阅读方法,明确阅读要求,形成初步阅读规划,激发阅读兴趣。这是粗略的预读,为通读做准备。

通读,即以较快的速度从头到尾把整本书读一遍。通读课以整体把握全书思想内容和艺术特色为目的,旨在获得对一本书的感性认识,贵在获得对全书的整体印象。

研读也称精读,即精细深入地研究品读,不同于略读、浏览等。研读课其实是合作探究的课型,以学生自主研读为主,辅以交流讨论和教师点拨。研读课的课堂是开放的、动态的,而非预设的,很多时候教师被"逼着"跟学生走。

阅读需要以恰当的活动为载体，活动课突出开放性，尊重学生个性发展，课堂随着学生生活的变化而变化，让学生获得多层次、多角度、多方面的体验。

总结课是阅读提升维度的课型。教师设计阅读一本书后总结、反思的路径，让学生去思考，去感悟，去发现并把握规律，得到由个别到一般、由个性到共性的提升，从而实现"积累阅读整本书的经验""掌握学术著作的一般读法"的课程目标。

评价课的目的是了解阅读效果、检查阅读目标是否实现。受学校期中、期末考试及教学安排等限制，整本书阅读课程评价一般在期末完成，不占用整本书阅读单元教学课时。

整本书阅读六种课型有相融性，不是非此即彼的，每一种课型的实施都要注意与其他课型的适度融合。课程实施更要融合崔允漷教授强调的"情境、任务、活动、资源"等单元要素。

(本文刊发于 2021 年第 3 期《教育文汇》)

整本书情境化阅读任务的特点及设计
—— 以《红楼梦》整本书阅读为例

基于整本书阅读体系的构建，创设活泼真实的生活化情境，引导学生围绕既定专题进行阅读、研讨，激发阅读兴趣，提升阅读素养，丰富精神世界，从而设计出整本书阅读教学方案，即整本书情境化阅读任务。这种理解来自我的实践探索，更多源于我对新课程标准的理解与领悟。

在新课程标准中，"以任务为导向"的学习任务群确定了课程内容。"任务"是课程标准和统编教材的高频词，课程标准规定了18个学习任务群，统编教材的每个单元都设置了学习任务。那么，一线老师还要不要设计情境化任务？课程标准修订组核心成员陆志平说："有老师问我，任务群需要老师自己设计吗？我说，所有的老师都要来设计。"以"整本书阅读与研讨"学习任务群为抓手的整本书阅读，课堂上侧重确定目标、设计任务、创设情境、组织活动，而不是聚焦书本本身。从学科认知、个人体验和社会生活等维度，对整本书的阅读任务进行情境化包装，在课堂上组织完成情境化任务的阅读活动，是推进整本书阅读的有效途径。

本文试图以《红楼梦》的教学实践为例，谈谈整本书阅读情境化任务的主要特点及设计策略。

（一）《红楼梦》情境化阅读任务一例

《红楼梦》第三十三回"宝玉挨打"表面上是因为"在外流荡优伶，表赠私物，在家荒疏学业，淫辱母婢"，实际上是因为贾宝玉不爱读书，鄙视功名，离经叛道，不重视仕途。"宝玉挨打"惊动了贾府上上下下，大观园要"起"劝学社来劝宝玉好好读书。请研读相关章回，并联系全书内容，完成以下任务。

任务1：第二回《贾夫人仙逝扬州城，冷子兴演说荣国府》借冷子兴之口大致介绍了荣、宁二府主要成员及其相互关系；第四回《薄命女偏逢薄命郎，葫芦僧判断葫芦案》一并托出四大家族盘根

错节的关联。请阅读这两回,完成下面的阅读任务。(完成其一即可)

(1) 理清《红楼梦》主要人物关系,绘制荣、宁二府主要人物的关系图。

(2) 整理《红楼梦》主要人物关系图表,简要记录相关情节,使之信息更丰富。

(3) 理清某人与贾宝玉的关系并绘成图表。

(4) 理清某一章回的人物关系并绘成图表。(建议选第三十三回)

任务2:阅读第三十三回《手足眈眈小动唇舌,不肖种种大承笞挞》和第三十四回《情中情因情感妹妹,错里错以错劝哥哥》,理解情节,理清其中的人物关系。

(1) 这两回中哪些人劝过宝玉读书?请梳理信息,填写下表。

章回	劝说人	与宝玉关系	劝说内容	劝说方式	劝说动机	备注

(2) 如果你是贾宝玉,谁的劝说你能听进去,谁的劝说让你反感?请给大观园中人物的劝学举措排序,并说明理由。

任务3:为了避免"宝玉挨打"的悲剧重演,大观园要"起个社"来劝宝玉好好读书。你认为谁适合做"劝学社"的发起人?请依据以下流程,完成任务。

(1) 借用综艺节目中广受欢迎的选拔赛进行发起人初选。

①每位同学推荐一人来发起"劝学社",并简要列举一两条理由(此为正票)。

②每位同学反对一人来发起"劝学社",并简要列举一两条理

由（此为负票）。

③组建评委团评判投票是否有效。评判依据：列举的理由是否能从《红楼梦》中找到；是否概括准确；理由与观点是否有因果逻辑关系，即事实、情理与逻辑是否具有一致性。

④有效正负票累加后为得票数，票数居前三位者入选。

（2）你认为三名入选者谁最合适做"劝学社"发起人？请从他与宝玉的关系等角度阐述理由，写一篇 300 字左右的短文。

任务 4："劝学社"要给贾政和贾宝玉分别写一封信，谈谈读书的问题。你认为谁来写信更合适？请你以这个人物的身份完成给贾政或贾宝玉的这封信。

要求：注意写信人与贾政或贾宝玉的关系，行文要接近《红楼梦》语言风格，要联系自身生活实际，体现自己的思考和认识。

（二）情境化阅读任务的主要特点

1. 情境化任务是对课程内容的重构

整本书阅读进入课程，就不再是自由阅读了，学生需要带着任务来阅读。整本书阅读的情境化任务，是依据课程标准和统编教材，对整本书课程内容进行选择和重构。

统编语文教材必修下册为《红楼梦》整本书阅读设置了第一个学习任务——"把握《红楼梦》中的人物关系"。这一学习任务虽然能促进学生通读全书，但不能引导学生精细化阅读。"大观园里'起了社'，谁劝宝玉苦读书"的情境化阅读任务，是基于学生语文学习和个体发展的需求，对教材学习任务的"再设计"。

依托教材设计整本书的情境化阅读任务，用情境化阅读任务确保教材精神落到实处，是进入国家课程的整本书阅读教学的显著特征。

2. 任务的情境是学生"继续学习和今后生活能够遇到的"

首都师范大学王云峰教授曾说："所谓'真实'，指的是这种语境对学生而言是真实的，是他们在继续学习和今后生活中能够遇到的，也就是能引起他们联想，启发他们往下思考。"阅读整本书，是人的一种切己存在方式。对于学生来说，"劝学"是再熟悉不过的情境了，是"继续学习和今后生活中能够遇到的"真实情境。

上文中所述的任务2的微任务（2），让学生评价大观园众人的劝学举措并排序，生动有趣、富有感染力，有助于增强阅读的目的意识、问题意识、任务意识。这种虚拟情境，利于学生置身其中，细读小说相关内容，联系自己的学习和生活，从事理、逻辑、情感等角度权衡判断人物的劝学言行。完成这一任务，能够让学生理解人物关系，也会促使学生反省自己，便于知识建构与素养提升。

任务3的微任务（1）借用综艺节目中的选拔赛票选"劝学社"发起人，指向解决真实情境中的问题。生生互动的过程，也是学生产生阅读新发现的过程，为了让自己推荐的人入选，学生自动关注书中细节，费尽心思在小说中搜寻此人的方方面面，阅读得以步步推进。

切己的情境将阅读放置于真实的言语世界中，让文本进入"我"的世界。学生在阅读中注意到原先没有意识到的东西，打通了"学生语文生活与社会生活之间的联系，让他们体会到语文学习的兴趣和价值"。

3. 情境化任务要呈现结构化特点

语文学习任务具有综合性、群体性甚至模糊性等特点，这很容易让教学陷入无序和随意。因此，整本书的情境化阅读任务特别强调"呈现相辅相成、层层递进的关系，体现学生语文关键能力的螺旋上升和发展梯度"。

"大观园里'起了社'，谁劝宝玉苦读书"的情境化阅读任务重视阅读思维和能力培养的内在联系。任务1和任务2引导学生读书，从人物关系的角度理解《红楼梦》的内容。其中任务1侧重阅读全书，任务2则着眼具体章回、具体事件、具体人物；任务3和任务4要求学生读懂书中的人物、情节等〔任务2微任务（2）已经向这个层次过渡了〕，把提升思辨能力融汇在阅读行为中，由阅读吸收到表达输出，加深了学生对小说的理解（如表3-6）。

表3-6 "大观园里'起了社'，谁劝宝玉苦读书"情境化任务设计结构表

序号	阅读任务	逻辑结构	设计意图
任务1	阅读第二、四回，把握《红楼梦》主要人物关系并绘制图表。	阅读吸收，文本	基于学情，从宏观和微观两个角度把握主要人物之间的关系。
任务2	阅读第三十三、三十四回，梳理大观园里众人劝贾宝玉学习的举措，评价并排序。	阅读吸收，生活	
任务3	大观园要"起"社劝宝玉好好读书，推荐你心目中最合适的"劝学社"发起人。	表达输出，生活	读懂书中的人物、情节等，对小说情节进行创造性地重构。
任务4	分别给贾政和贾宝玉写一封信，谈谈读书的问题。	表达输出，生活	

4个阅读任务有着比较紧密的逻辑链条，能够帮助学生在阅读中发现问题，在思考中完成任务，在运用中积累提升；由情态到原因，由现象到本质，鼓励学生梳理出小说内在的机理，帮助学生建

立个人认知结构,最终将所读所思转化成自身素养。

(三) 情境化阅读任务的设计策略

1. 设计情境化任务要着眼于整体阅读体系的构建

整本书的"整"即完整、整体,突出的是阅读的完整性和整体性。整本书阅读需要完整地阅读一本书,但由于时间限制,不少学生难以把《红楼梦》这样一部百万字小说从头读到尾,无法对全书进行深度阅读。设计情境化阅读任务的目的之一就是确定阅读专题,引导学生围绕一些最精彩的段落进行一定深度的反复阅读,以点带面,推动学生对全书内容的阅读和理解,但这又容易陷入阅读的片段化或片面化。

那么如何在情境化阅读中培养学生完整阅读、深度思考的良好习惯?这就要求教师在设计情境化阅读任务时必须着眼阅读体系的构建,体现整本书阅读的理念,具有高屋建瓴的视野。就《红楼梦》这样的长篇小说而言,情境化阅读任务要聚焦文本的枢纽处,关注小说中"大过节、大关键"的重要情节。《红楼梦》中的许多线索、矛盾都在元妃省亲、宝玉挨打、抄检大观园等关键情节处聚焦,又借助这些矛盾和线索,延伸出进一步的矛盾和线索,对小说的情节推动和主题表达起到决定性的作用。教师着眼于这些关键情节设计情境化阅读任务,有助于学生读懂完整故事情节,认识故事中的人物,思考小说的主题,整体性地理解、接受《红楼梦》。

宝玉挨打是《红楼梦》的重要关节点,在小说中引起了一系列连锁反应。曹雪芹用草蛇灰线之法,将之绵延了很多回。"大观园里'起了社',谁劝宝玉苦读书"情境化任务选择宝玉挨打这一点,牵一发而动全身，让整本书阅读有了全景性和深入性的特点。

2.学生是情境化任务设计的重要主体

北京师范大学王宁教授曾说："学习任务群是一个新的提法，但仍是在过去教学实践中总结出来的，不是脱离实际的'花招'。"换言之，很多日常教学经验都可以转化来设计整本书的情境化阅读任务。教师设计情境化阅读任务，必须研究学情，只有与学生现有的认知水平和生活经验类似，才不会成为"花招"。高一学生很难在短时间里读完《红楼梦》是共识，那么对"理清小说中主要人物之间的关系并绘成图表"无所适从就是情理之中的了。

上文中所提到的任务1将阅读范围缩小为第二回、第四回，并基于学情设计4个微任务，把阅读任务进一步具体化。此外，允许学生自主选择任务，表现形式不受限制，发挥空间大，学生阅读的畏难情绪得到缓解。完成任务有助于学生理解小说内容，把握人物关系。

王宁教授说："认为真实情境是老师想出来给学生被动接受的，这就违背了自主学习的精神。"情境化阅读任务不是教师一步到位设计出来的，而是在教师的精心预设、学生的精彩表现中生成的。例如，我对任务3的微任务（1）的原本预设是："你认为谁会做'劝学社'的发起人？请从他与宝玉的关系等角度阐述理由。"但是学生大多不喜欢，在QQ群里交流时，有学生为发起人投票，结果得到全体学生热烈响应。所以我就放手让学生设计，稍加整理后形成了一个话题严肃、形式活泼、思路清晰的微任务。

设计情境化阅读任务如果漠视学生阅读的主动性，就可能演变为教师自说自话，既有违"学为中心"的理念，又忽视了学生在课堂教学中的主体作用。学生用自己的智慧，参与任务设计，寻找解决问题的方法，由此积累阅读经验，提高语文素养。

3.设计情境化任务要关注听说读写等核心能力的整合

把阅读与鉴赏、表达与交流、梳理与探究整合到一起，共同服务于核心能力的培养，是课程标准的重要导向。阅读与写作都是需要思维与情感深度参与的活动，具有一体性，相互交融。整本书阅读往往能让学生产生表达的欲望，阅读与思考的过程、成果都需要写作来外化。学习情境包含语言运用的基本规则（即必要的语言运用原理和听说读写的方法），情境化阅读任务不是零碎式问答，很难只以阅读的形态出现，综合听说读写，形成一体，是它的常态。

任务3的微任务（2）用300字左右的短文阐释发起人的理由、任务4以《红楼梦》中人物的身份给贾政和贾宝玉写信谈读书，引导学生联系生活体验和阅读感悟阐释、评论，这就是阅读为写作提供资源和方向，用写作表达独到的阅读发现。设计情境化阅读任务，少不了打通作品与生活的创意写作。因阅读而产生了表达与交流的需要，实现了写作能力的提升；写作让阅读深入，使阅读成果得以实现，又促进了阅读。更重要的是，情境化阅读任务中的写作加深对小说具体情节的印象、对人物的理解，也丰富了学生的人生体验和思考。

设计整本书的情境化阅读任务，就是设计解决整本书阅读问题的方案，是富有挑战性、创造性的教学研究，能够引导我们走向理想境界的语文教学。

（本文刊发于2020年第6期《中学语文》）

《红楼梦》导读

统编高中语文教材必修下册第七单元整本书阅读书目是《红楼梦》。《红楼梦》是一部艺术化的中国古代社会文化百科全书。作家毕飞宇说:"《红楼梦》是这样的一本书,无论你有多大的智慧,这本书都罩得住你;反过来,无论你多么浅薄,哪怕只是识字,《红楼梦》你也能读,一样有滋有味。"潘知常认为,《红楼梦》的价值不可估量,理应成为"众书之书",成为中国的一张文化名片。

《红楼梦》是一部对中国人家族生活、生存状态、心理文化、思想思维等做了深层思考与剖析的巨作,也是一部用"工匠精神"编织"中国故事"的旷世巨著。小说讲述了以贾家为中心的贾、史、王、薛四大家族的兴衰历史,以宝、黛、钗三人爱情悲剧为中心的大观园人物聚散离合的故事,写尽了青春生命的美好和悲凉。这部巨著不以波澜壮阔的场面或曲折离奇的情节取胜,而是在日常生活的细腻叙写中寄寓作者对社会人生的透彻观察和深刻思索,思想内容博大精深,文化内蕴极其丰厚。

同学们在小学读过《红楼春趣》,在初中读过《香菱学诗》等《红楼梦》片段,还读过《水浒传》等古典小说,在高中阅读《红楼梦》,将进一步提升古典章回体小说的阅读能力。《红楼梦》个性化的人物语言和精彩绝伦的叙述描写语言有助于提升同学们语言建构与运用的能力;多元化的人物形象、诗词歌赋营造的诗化境界有助于提升同学们的鉴赏能力和审美品位;丰富的社会信息和广泛的世态人情有助于同学们发展思维和丰富情感;神话故事、儒家文化、民俗文化等有助于同学们深入学习思考中华民族优秀传统文化,增强文化自信。

(一) 红楼一梦贯古今,通读初解其中味——《红楼梦》整本书阅读第一篇

1. 阅读目标

(1) 认识《红楼梦》通过典型化、形象化手段表现人类社会及文化的全景式图景,理解个体或族群的生动发展史,接受人类普遍的经验、情意,在积累、理解、分析、运用、创造等不同层次各有所得。

(2) 理清人物关系,探究人物的精神世界,分析艺术手法,整体把握小说的艺术价值,获得审美感悟,丰富自己的精神世界;品味和欣赏小说语言,提高语言鉴赏能力和运用能力。

(3) 培养良好的阅读兴趣,强化阅读恒心和意志,形成探索性、统整性的深度阅读习惯,建构并积累阅读长篇小说的方法和经验。

2. 阅读方法

课程标准对整本书阅读提出的基本要求是"读懂文本"。《红楼梦》是一座卓然矗立的小说艺术高峰,思想内容博大精深,文化内涵丰厚深邃,规模宏大情节复杂,人物众多千人千面,往往是一个人物上场,引出一段故事后就暂时消失,然后又在另一个场景参演另一个故事……这些都给"读懂"带来了困难。如何克服这些阅读困难呢?

(1) 梳理回目,前后关联

《红楼梦》是章回体小说,章回体是中国古代长篇小说的一种叙述体式,将全书分为若干章节,称为"回"或"节",少则十几回,多则百余回;每回前用单句或两句对偶的文字拟写"回目",概括本回的故事内容。阅读《红楼梦》,可以抓住回目概括本回故事情节的特点,用跳读、略读来"提速";利用联读(把有关系的章回接在一起或编在一起读)快速梳理小说的相关情节;从回目中发现蛛丝马迹,前后勾连阅读,像拼图一样把人物的活动串联到一起来读,逐渐拼出一个完整的、有血有肉的人物形象……利用章回体小说的特点,让阅读事半功倍。

(2)重视教材,找准抓手

《红楼梦》整本书阅读教材单元是"单元导语""导入语""阅读指导""学习任务"四位一体。其中的"阅读指导"根据高中生的阅读实际,提供6个阅读方法和策略,它们不仅关注《红楼梦》的阅读,同时兼顾长篇小说这一类书的阅读。而"学习任务"则将"单元导语"中的"可以从最使自己感动的故事、人物、场景、语言等方面入手,反复阅读品味,获得审美感悟,丰富自己的精神世界"具体分为6个阅读任务,它们构成前后关联的结构化的阅读实践活动系列。这些都是《红楼梦》整本书阅读的重要抓手。

(3)做好规划,阅读有方

有目的、有规划的阅读往往比漫无目的的休闲式阅读收获更大,何况《红楼梦》是一个探不完的秘境?建议同学们运用好下面的阅读策略:

第一,划分全书章回,制订阅读计划。在规定时间内通读全书,整体把握小说思想内容和艺术特点。

第二,通过浏览回目、提取核心信息(如人物、事件等)、拟写提纲、绘制思维导图等方法把握章回内容;运用略读、跳读、联读等方法提取并整合信息，梳理故事情节。

第三，以了解小说环境、情节、人物、主旨为基本任务，从最使自己感动的故事、人物、场景、语言等方面入手，反复阅读品味，圈点批注，深入探究，体会小说的主旨，研究小说的艺术价值。

第四，尝试提升阅读高度。记录自己在阅读过程中发现的问题，撰写带有研究性质的读书报告、文学短评、专题小论文等，表达自己的独到见解，获得审美体验和精神成长。

第五，重视规划，通读全书。通读即从头到尾一页页读下去，这是整本书阅读最基本的阅读方式。没有通读的硬功夫，谈不上其他更深层次的阅读；没有如"春蚕食桑叶"般的阅读，就无法把握小说的情节人物，也无法领略小说的叙事魅力。面对皇皇巨著《红楼梦》，同学必须充分利用课外时间，一页一页地读下去，即通读全书。

整本书阅读首先要制定阅读计划，设计合理有趣的通读量表，以督促、调整阅读进度，实现高质量的长篇小说通读。红学家郑铁生认为，《红楼梦》叙事结构由两种形态构成：前五回是《红楼梦》的蓝图，第六回至第一百二十回是故事的主体。在《红楼梦叙事艺术》一书中，他将《红楼梦》叙述内容分为三个流程十个叙事单元。据此，我们制订了《红楼梦》寒假通读规划表（如表3-7），供同学们参考。

表 3-7 《红楼梦》寒假通读规划表

小说结构	阅读内容	阅读课时	只言片语留痕迹
《红楼梦》蓝图（一百一十五回）	潜在结构：全书骨架（一百一十五回）	2	
钟鸣鼎食的贾府（第六回至第六十三回）	第一叙事单元：王熙凤与贾府的豪奢淫靡（第六回至第十八回）	6	
	第二叙事单元：宝、黛、钗情窦初开和日常生活（第十九回至第三十六回）		
	第三叙事单元：贾府的钟鸣鼎食与潜流暗礁（第三十七回至第五十二回）		
	第四叙事单元：贾府的"内囊尽上"来了（第五十三回至第六十三回）		
风雨飘摇中的贾府（第六十四回至第九十一回）	第五叙事单元：凤姐的性格能量与尤二姐悲剧（第六十四回至第六十九回）	5	
	第六叙事单元：贾府用度吃紧，大故叠起（第七十回至第七十八回）		
	第七叙事单元：多事之秋的薛家与贾家（第七十九回至第九十一回）		
走向衰败的贾府（第九十二回至第一百二十回）	第八叙事单元：宝玉婚事和贾府被抄（第九十二回至第一百一十回）	3	
	第九叙事单元：贾府死丧接连，刁奴欺主（第一百一十一回至第一百一十八回）		
	第十叙事单元：沐皇恩复世职，家道复初（第一百一十九回至第一百二十回）		
温馨提示："只言片语留痕迹"是用自己喜欢的方式记录阅读任务完成情况，如圈点批注、拟写提纲、绘制思维导图、撰写札记等。			

（三）阅读建议

《红楼梦》以少男少女为主要描写人物，容易与当代高中生产生感情共鸣；精致严谨的叙事风格和"草蛇灰线，伏脉千里"的写法，能帮助同学们积累整本书阅读经验，纠正碎片化阅读造成的不良阅读习惯。阅读《红楼梦》是一件极有趣味的事，希望同学们阅读《红楼梦》时要有意识地培养自己的兴趣点，与经典对话，找到自己的生长点。当你对《红楼梦》逐渐有所领悟时，它便会吸引你一读再读，而且常读常新。

1.寒假里同学们要有意识地综合运用多种阅读方法来推进《红楼梦》通读进程。

①读全书的"序幕"。前五回中，一会儿仙界，一会儿人间，一会儿梦境，亦真亦幻，虚虚实实，艺术地对小说的社会背景和家族状况作大体的介绍，把镜头逐步推近贾府，让一个个重要人物悉数登场。这是全书的"序幕"，也是阅读全书的"纲"。

②读故事主题。第六回至第一百二十回为故事的主体，可按表格的叙事单元拟写内容提要、筛选细节，让阅读有"记忆"。如第一叙事单元（第六回至第十八回），以刘姥姥一进荣国府为契机，全面展开了《红楼梦》的故事。这一叙事单元的主要内容是秦可卿之死和贾元春省亲。这两大事件，都发生在全书开卷不久，以惊人的豪华排场表现兴盛时期贾府的豪奢。

2.通读时聚焦人物，整理以人物为中心的情节链。

如根据发生在黛玉身上的故事，就能梳理出一条情节链：初入贾府→探宝钗→良玉生香→俏语谑湘云→宝黛共读《西厢》，黛玉独听《牡丹亭》→夺魁菊花诗→雅谑补余香→悲题五美吟→重建桃花社→凹晶馆联诗→龑儿迷本性→焚稿断痴情。

3.表格中的"只言片语留痕迹"很重要。

圈点批注、拟写提纲、绘制思维导图、撰写札记……进而留下属于自己的阅读理解和疑问。而这些疑问有的会在接下来的阅读中迎刃而解，有的可以成为你深度研读的主题，还有的可能暂时会成为未解之谜，等待你在接下来的人生中去破解。

有人说，《红楼梦》是我们这一生一定要读一读的书，或者说我们一生如果没有读《红楼梦》，如果不认识贾宝玉、林黛玉、薛宝钗、王熙凤等《红楼梦》中的人物，如果不走进《红楼梦》的艺术世界，那将是人生的一大遗憾。

通读了全书，同学们就拥有了属于自己的《红楼梦》，就完成了《红楼梦》整本书阅读的基本任务。有了这个基础，深解"其中味"、实现《红楼梦》阅读能力的提高也就顺理成章了。

(本文刊发于2024年第1期《作文素材·品读经典（高中版）》"《红楼梦》专栏")

(二)理清人物关系，品析人物性格——《红楼梦》整本书阅读第二篇

专题阅读一　把握《红楼梦》中的人物关系

1. 阅读指导

《红楼梦》人物众多，性格各异，社会关系错综纷繁，情感互动复杂微妙。小说通过对诸多人物之间关系的精妙描写，在人物的

互动中展现其身份地位、性情气质，描摹出一幅幅封建社会晚期社会生活的图画。理清小说主要人物之间的关系并绘成图表，将你对人物之间关系的认识及相关的情节简要记录在图表上。以此为基础，选取一对或一组人物，谈谈你对这些人物之间关系的理解。（统编高中语文教材必修下册第七单元"学习任务1"）

《红楼梦》情节复杂、人物众多，编织了一张错综复杂的人物关系网。要想快速、有效读懂全书，就需要理清众多人物之间的关系。

2. 阅读活动

（1）阅读前五回，绘制人物关系图

阅读《红楼梦》前五回，根据冷子兴的"演说"及林黛玉初进贾府的所见所闻，理清贾家主要人物关系，并绘制贾府主要人物关系图。后面对《红楼梦》深入阅读时，逐步将主要人物之间互动的相关情节简要标记在关系图上。"君子之泽，五世而斩"，第二回"冷子兴演说荣国府"正好到第五代，而《红楼梦》所讲述的兴衰故事发生在第三代，聚焦于第四代。

名师点拨

封建社会同一家族人物讲究通过名字来显示辈分（如图3-3）。贾府第一代是"水"字辈：宁国公贾演、荣国公贾源。第二代是"代"字辈：贾代化、贾代善。第三代是"文"字辈：贾敷、贾敬、贾赦、贾政、贾敏。第四代是"玉"字辈：贾珍、贾珠、贾琏、贾宝玉、贾环（庶）。第五代是"草"字辈：贾蓉、贾兰、贾蔷（庶）。

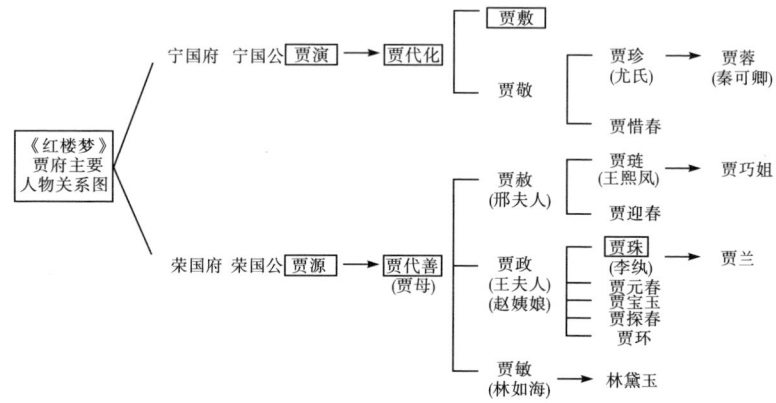

(注:加红色边框人物,冷子兴演说时已不在人世;括号中的人物,是上面人物的配偶。)

图 3-3 《红楼梦》人物关系图

(2)精读相关章回,梳理薛宝钗与林黛玉的关系

精读第八回、第三十四回、第四十五回,比较宝钗、黛玉互动时的言行举止,体会宝钗与黛玉情感的独特之处,并谈谈自己对两人之间复杂关系的理解。

名师点拨

林黛玉与薛宝钗的关系是姐妹、情敌、知己并存的。一方面,二人作为贾宝玉生命中两个最重要的女子,为争夺宝玉,自然会产生竞争。另一方面,二人作为诗社社友和金兰姐妹,在切磋诗词、嘘寒问暖的过程中,同气连枝,同放异彩。她们之间的关系,其实是《红楼梦》中大观园女儿们人际关系的缩影。大观园中的女儿们之间的互动,既是对手间的激烈较量,又是姐妹间的亲密交往。这种"诗意的竞争"正是作者想要追求的一个理想的社会图景。

(3) 跳读相关章回，梳理贾宝玉与林黛玉的关系

跳读第一回、第五回、第八回、第二十三回、第二十九回、第三十二回、第九十八回等相关情节，梳理宝玉和黛玉关系的发展阶段，理解宝玉、黛玉爱情不同于流俗之处。

名师点拨

第一阶段"两小无猜"：接外孙贾母惜孤女（宝黛初会）、玉绵绵静日玉生烟（青梅竹马）。第二阶段"相互试探"：西厢记妙词通戏语（共读西厢）、埋香冢飞燕泣残红（黛玉葬花）。第三阶段"心心相印"：肺腑心迷活宝玉（互诉肺腑）、错里错以错劝哥哥（宝玉赠帕）、慧紫鹃情辞试宝玉（紫鹃试玉）。第四阶段"爱情尾声"：林黛玉焚稿断痴情（黛玉焚稿）、苦绛珠魂归离恨天（香消玉殒）。

3. 阅读分享

默契的宝玉和湘云

安徽省合肥市第十中学高二（13）班　卞羽暄

史湘云与贾宝玉之间存在着两种关系。从血缘来说，贾宝玉是贾母的孙子，史湘云是贾母娘家的侄孙女，两人是表兄妹关系；从感情上来说，二人是介于兄妹与知己之间的朋友。

湘云长大后第一次来荣府是在《红楼梦》第二十回。"宝玉正与宝钗顽笑，忽见人说'史大姑娘来了。'宝玉听了，抬身就走。"一个"抬"字，将宝玉听闻云妹妹来了之后急于要见到的迫切心情表现得淋漓尽致。黛玉取笑湘云，结果又被湘云打趣，黛玉追着要打湘云，被宝玉拦着笑劝道："饶他这一遭罢。"宝玉和湘云的关系是多么亲密无间呀。当湘云跟黛玉睡在一起，而宝玉一大早起来就往黛玉房里跑。见了湘云不老实的睡态，宝玉叹道："睡觉还是不

老实！回来风吹了，又嚷肩窝疼了。"一面说，一面轻轻地替她盖上。两人从小跟着贾母一起长大，这种胜似亲兄妹的关系，比宝玉与黛玉、与宝钗的关系都要深一层。

湘云和宝玉从小一处玩耍，一处长大。分开后彼此时刻挂念，感情深厚至极，乃至于有人猜测他们之间有爱情的萌芽，让《红楼梦》多了一层隐约的朦胧美。

专题阅读二 体会人物性格的多样性和复杂性

1. 阅读指导

鲁迅评《红楼梦》说："其要点在敢于如实描写，并无讳饰，和从前的小说叙好人完全是好，坏人完全是坏的，大不相同，所以其中所叙的人物，都是真的人物。"（《中国小说的历史的变迁》）如宝钗和袭人，既写她们满脑旧观念，又写她们身上有许多可爱之处；而称得上是一个"奸险"人物的王熙凤，身上也有聪明、能干、诙谐等优点；即便对宝玉、黛玉这样倾注了作者理想的人物，也没有落入"叙好人完全是好"的窠臼。细读《红楼梦》中描写某个人物的相关段落，分小组讨论人物性格的多样性和复杂性。（统编高中语文教材必修下册第七单元"学习任务2"）

分析人物性格的多样性和复杂性，就要联系文本，把一个人物放在具体的情境中、特定的人物关系中、激烈的矛盾冲突中，结合具体细节，透过人物的表象琢磨其实质。要关注这几个方面：文化背景、回目用语、故事情节、语言对话、人物作品（如书中人物作的谜语诗词作品）、作者评价（含人物判词曲子、作者单独的评价等）、他人议论（书中其他人物的评价）等。总之，要多角度、客观、理性地评价人物。

2.阅读活动

（1）阅读回目，概括王熙凤的主要性格

《红楼梦》的回目对正文部分有提纲挈领的作用，是阅读的"文眼"。请阅读回目，找出并整理叙写王熙凤的回目，以此为线索浏览相关章回，简要概括王熙凤的主要性格。

名师点拨

叙写王熙凤的回目：第十一回"见熙凤贾瑞起淫心"，第十二回"王熙凤毒设相思局"，第十三回"王熙凤协理宁国府"，第十五回"王凤姐弄权铁槛寺"，第二十回"王熙凤正言弹妒意"，第四十四回"变生不测凤姐泼醋"，第五十四回"王熙凤效戏彩斑衣"，第六十七回"闻秘事凤姐讯家童"，第六十八回"酸凤姐大闹宁国府"，第六十九回"弄小巧借剑杀人"，第七十二回"王熙凤恃强羞说病"，第九十六回"瞒消息凤姐设奇谋"，第一百零六回"王熙凤致祸抱羞惭"，第一百一十回"王凤姐力绌失人心"，第一百一十三回"忏宿冤凤姐托村妪"，第一百一十四回"王熙凤历幻返金陵"等。

王熙凤主要性格：精明能干，威重令行，是脂粉队里的英雄。但贪财好利，欲壑难填，嫉妒成性，心狠手辣。

（2）研读相关章回，绘制人物海报

阅读第二回、第三回、第五回、第二十二回、第二十八回、第三十七回、第七十回等章回，给林黛玉（或薛宝钗）绘制一张人物海报。

名师点拨

林黛玉海报的主要信息。(1) 前世：绛珠仙草。(2) 今生：林黛玉。(3) 诗号：潇湘妃子。(4) 出身：书香门第、清贵之家。(5) 住所：大观园——潇湘馆。(6) 特长：琴棋书画俱通，诗歌创作更佳。(7) 性情：多愁善感、孤高自许。(8) 相貌：两弯似蹙非蹙罥烟眉，一双似喜非喜含情目。态生两靥之愁，娇袭一身之病。泪光点点，娇喘微微。娴静似娇花照水，行动如弱柳扶风……(9) 判词：……堪怜咏絮才。玉带林中挂……(10) 幻境排名：金陵十二钗正册中与薛宝钗并列第一。(11) 代表作品：《葬花吟》《秋窗风雨夕》《咏菊》《桃花行》。(12) 经典语录：①早知他来，我就不来了。②你还要比？你还要笑？你不比不笑，比人家比了笑了的还利害呢。

(3) 研读第十八回，赏析宝钗性格

阅读第十八回中"彼时宝玉尚未作完……从此后我只叫你师父，再不叫姐姐了"这段文字，并联系全书有关宝钗的章节，思考宝钗性格的多样性和复杂性体现在哪些方面。

名师点拨

薛宝钗是作者笔下一个性格多样而复杂的"真的人物"。(1) 兰心蕙质、温柔端庄、学问功夫深。(2) 热衷经济仕途。虽然是随口说的几句玩笑话，却也句句不离功名权势。(3) 冷漠无情。如宝钗对金钏投井、尤二姐吞金、尤三姐自杀、柳湘莲出走等表现出毫不在意的态度。(5) 理智与周全完美到了一定程度，不免显得圆滑、心机重。

(4) 研读相关章回，分析刘姥姥性格

《红楼梦》中贵家公子小姐、夫人太太很多，丫鬟婆子也很多，刘姥姥这个乡间老妪是个孤品，但她的性格丰满程度远高于书中绝大多数配角。请阅读第三十九回至第四十一回写刘姥姥二进荣国府的相关内容，分析刘姥姥性格的多样性与丰富性。

名师点拨

"刘姥姥二进荣国府"以贾母设宴招待刘姥姥这个场面为核心，充分展现刘姥姥形象，大观园也因为她的到来而热闹非凡。表面看来，刘姥姥和上次相比更为放肆，不仅大说大笑，还信口胡诌，甚至醉卧宝玉房间，但人物骨子里的辛酸、机智、淳朴并未改变。

这部分表现的刘姥姥主要性格有：风趣幽默、善于逗乐；朴实憨拙；机敏睿智、察言观色；知恩图报、侠肝义胆；乐观进取，直面生活；阅历丰富、洞晓人生。

3. **阅读分享**

仙草浊世向春生

安徽省合肥市第十中学高二（20）班　周先宇

孤身一人寄住贾府，黛玉如履薄冰。"明媚鲜妍能几时，一朝漂泊难寻觅"，无论花开时多么明艳动人，春风逝去时也只得委于浊世。黛玉怜惜花朵，亦是怜惜浊世中的自己。

"侬今葬花人笑痴，他年葬侬知是谁？"她已然明了贾府的封建败落，但不随流，不颓废，举锄葬花，在伤感的同时，也为众姊妹吹响了反抗世俗的号角。

清新脱俗的绛珠仙草，自是花中第一流。宝钗生日，王熙凤用戏子比拟黛玉开了个玩笑，在场的众人神色各异。不出所料，黛玉果然"恼了",但她气恼的是众人觉得她小气、开不得玩笑。黛玉生于纷繁俗世,在保持自身高洁的同时,又不失生活的乐趣。不是目下无尘,心中唯我;不是清高孤寂,与世隔绝。她是林妹妹,身处堕落腐朽的封建社会,却绝不同流合污,既心怀理想,也热爱生活、真心待人!

(本文刊发于2024年第2期《作文素材·品读经典(高中版)》"《红楼梦》专栏")

(三)品味文化内涵,体会思想意蕴——《红楼梦》整本书阅读第三篇

专题阅读三　品味日常生活描写所表现的丰富内涵

1. 阅读指导

欣赏《红楼梦》,应仔细品味作品在日常生活描写中表现出来的丰富的文化内涵。仅从《红楼梦》涉及的生活内容来看,诗词曲赋、音乐绘画、书法尺牍、灯谜联额、曲艺杂技、酒令笑话、禽畜花木、园林建造、服饰摆设、医药养生、饮食起居等,可谓应有尽有,都有极其生动细致的描绘。细读《红楼梦》描写日常生活的片段,以《〈红楼梦〉中的_____》为题写一篇短文,说说你所品味出的文化内涵。(统编高中语文教材必修下册第七单元"学习任务3")

《红楼梦》的日常生活细节展示了人物不同的文化修养和审美情趣,工笔描绘了贵族世家富贵奢华的生活,并在热闹繁华中,时时奏响衰败的悲音,让全书的文化内涵和社会意义更加厚重。本阅读专题,要求同学们通过细读原著中描写的日常生活,来了解其中包含的文化内涵。大家从学习任务列举的《红楼梦》日常生活内容

中选择自己感兴趣的部分，也可以选择如称谓、礼俗等其他内容，品读书中描写日常生活的片段，梳理相关内容，积累文化常识，分享自己品出的文化内涵。

2. 阅读活动

（1）跳读《红楼梦》相关章回，探究宴饮内涵

跳读第五回、第十一回、第十七回、第六十三回等情节，梳理《红楼梦》中宴饮的类型，任选一个宴饮片段思考其中的丰富内涵。

名师点拨

《红楼梦》的宴饮大致分为四种类型：节日宴会、生日宴会、庆典宴会、游赏宴会。就文化方面看，《红楼梦》中的宴饮场面蕴含了诗词、饮酒、占卜等丰富的中华文化，我们可以从中管窥古代文化、文明的影子；就文学创作而言，《红楼梦》中的宴饮场面在小说的谋篇布局中起到了关键的作用，我们可以探索宴饮场面对人物形象塑造、情节运转、主题隐喻等方面的作用。

（2）精读《红楼梦》相关章回，探究居所内涵

精读第十七回、第十八回，重点研读作者对"蘅芜苑"的描写，关注"蘅芜苑"与薛宝钗的关系，探究其中蕴含的文化意蕴。

名师点拨

"蘅芜苑"是贾元春省亲时，根据贾宝玉的题额"蘅芷清芬"更改而来。所谓"蘅芜""蘅芷"代指香草，清芬说明香气清雅，沁人心脾，恒久弥新，"蘅芜苑"中一株花木也没有，全部都是香草。"蘅芷"香草，艳而不俗，清香隽永，是古代贤人高士君子的风貌，因此"蘅芜苑"朴素清雅的整体环境，映衬了薛宝钗平和、高雅、朴素的人物特征。

"蘅芜苑"出自《拾遗记》中的"帝息于延凉室,卧梦李夫人授帝蘅芜之香",作者实际上是将薛宝钗和汉武帝的宠妃李夫人类比,既表现了宝钗相貌的"天然美丽",也隐喻了薛宝钗"入宫选秀,贵为皇妃"的青云之志,表现了其"外冷内热"的性格底色。"蘅芜苑"谐音"恨无缘、恒无缘",暗示了薛宝钗无缘与贾宝玉白头偕老,最终独守空房的悲剧命运。

(3) 跳读《红楼梦》相关章回,探究服饰内涵

跳读第三回、第十五回、第十九回、第五十二回等,重点研读描写贾宝玉服饰的文字,赏析服饰描写对人物塑造的作用。

名师点拨

《红楼梦》中的服饰描写对人物塑造有三方面的作用:(1) 表现人物性格。贾宝玉服饰以热烈、鲜艳的红色、绿色为主,表现了其率真、多情、活泼的少年心性。(2) 突出人物地位。贾宝玉的皮衣基本由最名贵的狐狸皮制成,显示了他富家公子的身份和地位,而贾宝玉所佩戴的"紫金冠"多用于王子及年少的将领,突出了其在贾府养尊处优的状况。(3) 暗示人物命运。通灵宝玉与贾宝玉一生的命运息息相关,其正面上的字迹是"莫失莫忘,仙寿恒昌",说明这块通灵宝玉相当于贾宝玉的护身符。当通灵宝玉附身时,贾宝玉就会逢凶化吉;当通灵宝玉丢失时,贾宝玉就会有无妄之灾。

3. **阅读分享**

小游戏中的"大乾坤"

安徽省合肥市第一中学高二(52)班　唐一松

《红楼梦》第六十三回"寿怡红群芳开夜宴",描写的是贾宝玉的生日宴,众人饮酒游戏,无拘无束。即便是"占花名儿"这样的

小游戏也藏有"大乾坤"。

生日宴上的"占花名儿",既有丰富的文化内涵,又体现了曹雪芹谋篇布局的匠心。所谓"占花名",就是根据掷签者的签上诗词和注释来行酒令,以花喻人,把人物性格命运寄托于花签之中。宝钗抽中了群芳之冠——牡丹。牡丹花大而香、色泽艳丽,有富贵气象,被人夸赞"唯有牡丹真国色,花开时节动京城"。初看之下,牡丹花的张扬富贵,似乎与安分守拙的宝钗不符,其实唯有美丽大方、心思玲珑、待人圆通的宝钗最配国色天香的牡丹。但《红楼梦》中的女儿们无论选了哪种人生,注定都是悲剧结局。

令人唏嘘的是,玩游戏时每个人都乐在其中,却不知"乐极生悲,厄运将至",中国古代哲学所强调的"物极必反",便暗含其中了。

专题阅读四　体会《红楼梦》的主题

1. 阅读指导

《红楼梦》这部小说,铺叙了宝黛钗等人"木石前盟"和"金玉良缘"的爱情婚姻悲剧,描写了"金陵十二钗"等众多女子的不幸人生,表现了封建大家族盛极而衰的巨变,抒发了作者对社会人生的独特感悟。查找关于《红楼梦》主题的研究论述,深入思考《红楼梦》的主题,写一篇综述。(统编高中语文教材必修下册第七单元"学习任务6")

《红楼梦》是一部百科全书式的长篇小说,是"无材补天"的顽石在人世间的"传记",无论谁阅读这部经典,都会产生丰富的情感体验。一千个读者,就会有一千种对《红楼梦》的认识。本专题阅读,要求大家从爱情、人生、社会、政治、历史、文化等层面查找并梳理关于《红楼梦》主题的研讨论述,深入体会小说的思想意蕴,并在此基础上撰写综述,表达自己的观点。

2.阅读活动

(1)查找、梳理关于《红楼梦》主题的研究论述

根据同学们关于《红楼梦》主题研究论述的查找梳理反馈,老师整理出表3-8,请认真阅读并完成后面的问题。

表3-8 《红楼梦》主题研究论述汇总表

序号	主题倾向	相关研究论述	回目举例
1	作者身世说	胡适《红楼梦考证》、俞平伯《红楼梦辨》等。	前五回、第十三回、第十六回
2	宝黛爱情悲剧说	何其芳《论红楼梦》、翁柏年《〈红楼梦〉宝黛爱情悲剧探析》等。	第三回、第五回、第八回、第十九回、第二十九回、第三十回、第三十二回、第三十四回、第五十七回、第九十六回、第九十七回、第九十八回
3	为女性立传说	冯其庸《解读〈红楼梦〉》、王昆仑《红楼梦人物论》等。	第三回、第五回、第三十七回、第四十回、第五十五回、第五十六回、第六十三回、第七十回、第七十四回
4	封建大家族盛极而衰巨变说	刘梦溪《陈寅恪与红楼梦》、吴调公《评〈红楼梦〉的爱情主题说》等。	第二回、第四回、第十三回至第十五回、第三十九回、第一百零五回
5	……	……	……

问题一:请任选表格中的一种"主题倾向",简要概述你查找的研究论述情况。

示例:"作者身世说"是胡适在《红楼梦考证》中提出来的:

"《红楼梦》是一部隐去真事的自叙：里面的甄、贾两宝玉，即是曹雪芹自己的化身；甄贾两府即是当日曹家的影子。"胡适用"小心求证"的实用主义考据方法，用作品来证实作者的身世经历，比索隐派进了一步。其后，俞平伯、周汝昌等都支持过"作者身世说"。相关论述有：江顺怡《读红楼梦杂记》"《红楼梦》所记之事，皆作者自道其生平"，俞平伯《红楼梦辨》"《红楼梦》是一部自传"等。

问题二：你赞同哪一种主题倾向？深入研读《红楼梦》相关章回，谈谈你的理解。

示例：结合《红楼梦》相关章回的关键语句，探析贾府危机。如：赞同"封建大家族盛极而衰巨变说"。

第二回中冷子兴说："如今生齿日繁，事务日盛，主仆上下，安富尊荣者尽多，运筹谋划者无一；其日用排场费用，又不能将就省俭，如今外面的架子虽未甚倒，内囊却也尽上来了""谁知这样钟鸣鼎食之家，翰墨诗书之族，如今的儿孙，竟一代不如一代了！"第四回中有："贾不假，白玉为堂金作马……""这四家皆连络有亲，一损皆损，一荣皆荣，扶持遮饰，俱有照应的"。第十三回秦可卿说："一日倘或乐极生悲，若应了那句树倒猢狲散的俗语，岂不虚称了一世的诗书旧族了！""祖茔虽四时祭祀，只是无一定的钱粮""家塾虽立，无一定的供给""盛筵必散"。

冷子兴的演说、门子对"护官符"的解读、秦可卿托梦都暴露出贾府面临的危机。日益衰朽又后继无人，贾府这个百年望族只能由兴盛走向衰败。"正是贾府衰败这根大绳，牵动着全书的'众目'和'万事'。"

问题三：你还查找到了哪些不同的"主题倾向"？请填写在

"《红楼梦》主题研究论述汇总表"的空白处。

名师点拨

先用简洁的语言概括"主题倾向",再列举"相关研究论述"的大体情况。不要忘了"回目举例"一栏中要写出对应的《红楼梦》回目。最好填写三个以上"主题倾向"。

(2) 撰写关于《红楼梦》主题的综述

查找关于《红楼梦》主题的研究综述,交流讨论综述的特点,探讨综述的写法,明确撰写综述的要求。以前面阅读活动为基础,深入思考《红楼梦》主题,写一篇综述。

名师点拨

综述就是作者针对某一问题或专题,通过搜集大量相关资料,在仔细阅读并深入理解和消化实质内容的基础上,去粗取精,把能代表该问题的研究成果等进行系统汇总、整理,并据此进行系统分析、论证和推论,得出作者自己的判断或结论。撰写综述的具体要求有:全面地反映情况,力求准确和客观,要有严格的思路,语言要简洁。

3. 阅读分享

立体多维悟"红楼"真滋味

安徽省合肥市第十中学高二(13)班 钱俣彤

纵观全书,《红楼梦》以贾府为主要背景,通过生活其中的人们日常的细枝末节,我们能清楚地看到一代后继无人的望族之末。由此,可以体会出对《红楼梦》主题说法之一的"家族命运"说。结合贾府最终结局与对作者曹雪芹生平背景的考证,将故事与现实联系，"自述家世"说便在曹雪芹的"一把辛酸泪"中呼之欲出。若再将目光放开，更有"封建衰亡"说、"批判统治"说，等等。其中部分参考即可，如果一味为寻"主题"的根源而脱离书本身，则局限且困于其中了。

重视主体故事，也不能将特点鲜明的人物从主题中淡化。《红楼梦》中，宝玉、黛玉、宝钗三人的情感纠葛是整部悲剧的中心事件，各女儿形象也是书中着重表现的"千红一哭，万艳同悲"悲剧的中心。这也是许多人支持"宝黛爱情"说、"悲叹女性"说的根据。

(本文刊发于2024年第3期《作文素材·品读经典（高中版）》"《红楼梦》专栏"）

（四）欣赏小说诗词，设想人物结局——《红楼梦》整本书阅读第四篇

专题阅读五 欣赏小说人物创作的诗词

1. 阅读指导

《红楼梦》中有很多水平很高、反映人物个性特征的诗词曲赋。如黛玉、宝钗、宝玉等人写的一组"白海棠诗"，就显露出人物的情趣和性格。小组合作，选择小说中某位人物，细读品味其诗词，加深对人物的理解，并撰写短评。还可以组织班级"《红楼梦》诗词朗诵鉴赏会"。（统编高中语文教材必修下册第七单元"学习任务4"）

吟诗作赋的生活，既是《红楼梦》豪门贵戚、诗书世家生活的投影，也是小说人物个性的写照。书中所有的诗词都是贴着人物的

语气、性格和命运写的，朗诵、品味、鉴赏小说人物创作的诗词，感受诗歌的审美价值，能更好地理解人物的情感心理与性格特点。

2. 阅读活动

（1）《红楼梦》第六十四回黛玉作《五美吟》诗，一改往常凄婉幽怨之风，字里行间透出一股刚健之气，显得劲健洒脱。请分析《五美吟》体现出黛玉怎样的情操追求。

名师点拨

黛玉在《五美吟》中嗟叹西施虽有倾城之貌却徒留吴宫空忆，认为虞姬为爱情壮烈自殉的价值远胜那些反复无常之流，讥讽汉元帝听信画工毛延寿的摆布而让昭君漂泊异域，赞叹绿珠宁死不屈、红拂敢于冲破传统礼教束缚大胆追求自由理想生活。

林黛玉对女性命运的思考和男权社会所制定的价值规范有所不同。她并不觉得女人所做的付出和牺牲是理所当然的，而是从女人自身的独立价值和人格尊严出发，思考女人的命运，悲悯"红颜薄命古今同"。她拒绝做封建淑女，按照封建礼教传统道德去桎梏自己的人生；她追求个性的解放，追求两情相悦、情投意合的爱情。对"青史有才色"的美女的赞颂感叹，"可欣、可美、可悲、可叹"的由衷感慨，都映射着黛玉"质本洁来还洁去，强于污淖陷渠沟"的高洁情操，寄托着她的理想追求。

（2）《红楼梦》中所有的诗词，都是贴着人物的语气、性格和命运写的。请简要分析薛宝钗《咏白海棠》寄寓的思想性格。

名师点拨

《咏白海棠》开篇"珍重芳姿昼掩门"，一语双关，既写诗人珍惜白海棠，又写诗人珍重自我，刻画出了宝钗大家闺秀的矜持心理。"洗出胭脂影""淡极始知花更艳"极言白海棠自然本色之美，以晶莹剔透的冰雪，喻其冰清玉洁之魂，表面是赞海棠之色，深层意蕴是暗示宝钗的为人处世。宝钗素喜清新淡雅，如其母薛姨妈所言"平日不爱这些花儿粉儿的"，穿着的也是半新不旧的衣服，居住的蘅芜苑是"雪洞一般，一色玩器全无"，显示出她清心寡欲的特点。在感情上，宝钗爱宝玉，却是"淡淡的"，发乎情止乎礼，合乎封建社会对女子的要求。"欲偿白帝凭清洁，不语婷婷日又昏"是说白海棠愿意用她的清洁之身回报自然，她亭亭玉立，默然不语，迎来了又一个黄昏。

这首诗实际上是宝钗的内心写照。诗有意用白海棠来描写自己，以花写人，反映出薛宝钗以稳重、端庄、淡雅、宁静、清洁自诩的内心世界。

（3）贾府的"富贵闲人"宝玉住进大观园后，心满意足地写了四首即事诗，记录了大观园中的四季生活。请研读第二十三回，任选一角度简要赏析这四首诗。

名师点拨

轻柔的雨、凉爽的风、朦胧的月、温馨的花、洁白的雪……大自然中最平常的物象，成就了四首诗最雅致的意境；绮绣、锦缎、宫镜、沉香、琥珀、昂贵的丝织物和珍稀皮毛衣衾……高贵的物品彰显了贵族公子优雅而闲适的富足生活。这是贾宝玉最喜爱的生活方式，他无须出去与一帮禄蠹应酬，而是混迹在女儿国中，过着自己"富贵闲人"的生活。这是对安逸的物质生活的享受，对雅致的审美理想的追逐。

但大观园不是世外桃源，它同样存在着污秽、眼泪、挣扎和反抗。当宝玉领略到"悲凉之雾，遍被华林"的时候，他就不能再悠然闲适下去了。于是愤懑、痛苦、绝望，终至以"悬崖撒手"来抹去自己身上的粉渍脂痕。

四首即事诗，记录了他进入"理想世界"大观园后富贵风雅的新生活，表现了他作为"富贵闲人"的才华、心性和人生志趣，这是他厌弃功名利禄、背离主流价值而寻求自在生活的追求，也是他独特的人格和品性的写照，更是构成他的人生悲剧的重要段落。

3.阅读分享

"鹤"自飘零"花"自凋

安徽省颍上第二中学高三（47）班　王梦岑

《红楼梦》第七十六回，贾府最后一次阖家团圆的中秋宴后，林黛玉与史湘云在凹晶馆即景联诗，史湘云出句"寒塘渡鹤影"，林黛玉对以"冷月葬花魂"。这两句诗暗示了她们孤鹤流离漂泊和香消玉殒的命运结局，是二者命运之悲谶。

湘云虽"襁褓之中父母违"，但"英豪阔大宽宏量""霁月光风耀玉堂"，是"真名士自风流"。她的洒脱风流气度一如她笔下的鹤一般清高飘逸、高蹈悠然。孤鹤"渡"于"寒塘"，在大厦倾覆、家破夫亡的命运面前，她就像一只翩然的鹤，独自泅过尘世的寒塘。

林黛玉是"草木"之人，是"花"之精魂，是"孤标傲世偕谁隐"的菊，是"借得梅花一缕魂"的海棠，是"飘泊亦如人命薄"的柳絮，是"风露清愁"的芙蓉……黛玉怜花、葬花，"质本洁来还洁去，强于污淖陷渠沟"是她内心宁可毁灭也不要被肮脏龌龊的凡尘俗世所沾染的坚持。孤高傲世的生命只能无奈地忍受着"一年三百六十日，风刀霜剑严相逼"的沉痛，最终落得一个"粉堕""香残"的结局，寂然凋零，"葬"于冷月之下。

两句联诗，是两个青春女儿命运的悲音，妙玉闻此命运的悲声，续写下去，想把颓败凄楚之意翻转过来，但是命运如此，岂人力所能勉强？大观园中那些花一样的女儿们终究难逃"千红一窟（哭）""万艳同杯（悲）"的命运结局。

专题阅读六　设想主要人物的命运或结局

1. 阅读指导

许多研究者从思想观念、故事情节、人物性格、语言风格等角度比较后四十回与前八十回，但各人的见解不同，结论各异。普遍的看法是续作在思想内容和艺术形式上较前八十回存在不少差异。如果让你设计八十回以后的故事，你会怎么做？试设想一些主要人物的命运或结局，写出故事梗概。（统编高中语文教材必修下册第七单元"学习任务5"）

阅读《红楼梦》，我们不仅要解读内容，还面临扑朔迷离的人物命运结局问题。为此，同学们要比较阅读后四十回和前八十回，判断后四十回讲述的人物结局是否符合曹雪芹本意，并从前八十回里找到依据。深入探索人物更合理的发展，才能深入走进《红楼梦》。

2. 阅读活动

（1）为了探讨金陵十二钗中贾迎春的命运结局，需要从前八十回中检索相关情节信息，并概括其中的暗示信息。请你选择"十二钗"最喜欢的一个，用表格的形式呈现自己的研读成果。（如表3-9）

名师点拨

表3-9 揭示贾迎春命运结局信息一栏表

章回	第三回	第五回	第七十三回	第七十九回
情节信息	肌肤微丰，合中身材，腮凝新荔，鼻腻鹅脂，温柔沉默，观之可亲。	画一恶狼，追扑一美女，欲啖之意。其判云：子系中山狼，得志便猖狂。金闺花柳质，一载赴黄粱。	懦小姐不问累金凤	贾迎春误嫁中山狼
暗示信息	沉默寡言，性格温顺	所托非人，新婚殒命	心活面软，软弱可欺	身似浮萍，将赴黄泉

（2）你认为后四十回中"黛玉之死"场景写得好吗？请说说你的观点和理由。

名师点拨

"黛玉之死"被认为是后四十回最精彩的章节之一，创造了《红楼梦》写实艺术的新境界：用三回的篇幅描绘黛玉"精神迷乱""焚稿断情""临终怨愤"三个惊心动魄的情节片段，分别以心理过程写实、动态过程写实和情境写实的精细笔墨，把悲剧一步步推向高潮。认为黛玉病亡的主要依据有：

①病。黛玉初进贾府就显示出"怯弱不胜""有不足之症"，而且"从会吃饮食时便吃药，到今日未断"，用药煨大的身体怎么能抵挡住病魔的侵袭？②气。黛玉性格敏感，常使"小性儿"，宝玉或者别人无意中的言行也让她暗自垂泪生闷气。生气伤身，也伤肺伤神，受到宝玉与宝钗成亲的打击，黛玉肝肠寸断奄奄一息，终致香消玉殒。③泪。木石之盟还泪报恩，《红楼梦》中黛玉越来越瘦，

眼泪越来越少，泪尽而亡，迎合了"还泪"之说。所以说，后四十回的"黛玉之死"情节设计是很用心的。

（3）研读前八十回与薛宝钗有关的谶语（包括对联、诗词、灯谜、人物对话、戏曲、酒令等），特别是第五回中的判词和唱曲，你认为她在后四十回将走向什么样的命运结局？

名师点拨

探究人物命运轨迹，要符合人物的性格逻辑，还要联系自身生活实际，体现自己的思考和认识。从前八十回看，曹雪芹是让宝钗、宝玉结婚的，但她与宝玉性格不可能合得来，后四十回里，薛宝钗几番劝解，使对仕途经济厌恶至极的宝玉怒而出家，独留宝钗守活寡。"金簪雪里埋"，判词不用由两股金针合起来的"钗"，而用只有一根的"簪"，暗示宝钗最终守活寡的结局。下面两种结局，同学们思辨阅读时可参考：

①薛宝钗嫁给了贾宝玉，成为"宝二奶奶"，但贾家遭遇了一个接一个的打击。锦衣军查抄荣国府后，薛宝钗被卖到偏僻之地，蒋玉菡和袭人夫妇发现后将她买下，接回家中；贾宝玉没等到与薛宝钗团圆，就在一片白茫茫大雪之中离家出走，空留了薛宝钗孤独寂寞终老。（87版电视剧《红楼梦》）

②贾母和林黛玉都去世后，薛宝钗嫁给了贾宝玉。她"借词含讽谏"，一直规劝贾宝玉读圣贤书，并参加科举考试，贾宝玉十分厌烦，离家出走；薛宝钗被冷落在家，接连遭遇了薛蟠和薛姨妈相继离世的打击，自己染病身亡。贾宝玉和薛宝钗并没有实质的夫妻生活，所以没有为贾家留下子嗣。（刘心武续写《红楼梦》）

3. 阅读分享

佳人已乘白鹤去

安徽省合肥市第十中学高二（3）班　张子馨

《红楼梦》后四十回最为人所诟病的，大概就是硬生生将"呼啦啦树倒猢狲散""落了片白茫茫大地真干净"，改成了"兰桂齐芳、家道复兴"，这基本上已是违背了曹公创作的初衷。在这种大结局的影响下，许多人物的最终命运与曹公之前的设定颇有出入。

如大嚼鹿肉、酣眠芍药裀、豪爽不拘、至情又至性、至纯又至美的史湘云，后四十回对她着墨并不多：第一百零六回交代她即将婚配且未婚夫才貌双绝，第一百零八回写她出嫁回门，第一百零九回写她丈夫暴病，第一百一十回交代她丈夫已患痨病，第一百一十八回借王夫人之口交代其夫死守寡。

这走向大体是合理的，但最终结局有出入，第五回中有关湘云的判词和曲子以及其他回目中一些谶语性质的诗词是线索。其曲词有"厮配得才貌仙郎"，渴望"博得个地久天长，准折得幼年时坎坷形状"，湘云后来确实嫁了一个才貌双绝的如意郎君，可惜不长久，仍逃不过"千红一哭""万艳同悲"的结局，终究是"展眼吊斜晖，湘江水逝楚云飞"。若秉持曹公四大家族覆灭的大结局，湘云夫死后，失去家族庇护，夫家也遭遇变故，被投入了教坊司，沦落了风尘。最后不堪受辱，投江自杀，正应了那一句"寒潭渡鹤影"，她最终是驾鹤西去了，也应了五十回《点绛唇》中的那一句"后事终难继"。

佳人已去，到底是意难平。

（本文刊发于 2024 年第 4 期《作文素材·品读经典（高中版）》"《红楼梦》专栏"）

整本书阅读贵在"整"和"读"

按出场的先后顺序，给《西游记》中"天竺收玉兔""流沙河收沙僧""三打白骨精"三个故事排序。2023 年安徽省中考这道名著阅读题引发了讨论和争议。

大部分人认为，过于细节化的出题方式，可能导致学生过于关注细节而忽略了整体情节的把握，会让学生感到枯燥无味，缺乏思考乐趣，甚至因失望而放弃阅读名著，因为读了也不能得分。也有人持肯定态度，认为细节化的试题有利于引导学生耐心地仔细品读文本，加深对作品的理解和记忆，况且考查细节在语文考试中很常见。

对这道试题本身的评价，肯定或否定都无可厚非，但是认为就是考查细节进而得出整本书阅读要注重细节的结论，就值得商榷了。

中考结束后笔者在自己执教的班级（高一）展示该题。有 3 个学生一看就说会做，因为认真读过《西游记》，记得这三个情节在书中的顺序；其他 40 多个学生坦言做不好，承认初中没有认真读《西游记》，或者中考复习背熟的东西早忘了。

于是，我对学生说，我们现在不说读《西游记》，我们来做事，来解决一个生活中遇到的问题：这里有"天竺收玉兔""流沙河收沙僧""三打白骨精"三枚邮票，这是《西游记》中的故事情节，我们来按先后顺序排列。我特别强调，不要太在意自己有没有认真阅读《西游记》、书中的情节是不是还记得，就是做事，给这三枚邮票排序。

于是，很多学生迅速而正确地完成了任务。他们说，唐僧、孙悟空、猪八戒、沙僧4人去西天取经，先要组建团队，因此"流沙河收沙僧"肯定是排在前面的。先收玉兔，还是先打白骨精呢？虽然我忘了《西游记》内容，但题目给了提示信息，"天竺国"不在中国，唐僧师徒到"天竺国"，至少接近"西天"了，所以"天竺收玉兔"这枚邮票排在最后。

《义务教育语文课程标准（2022年版）》阐释"整本书阅读与研讨"学习任务群的100多个字中，不但说明怎样指导学生学会阅读，还要求改变学习方式，更强调要提高学生的整体认知能力，丰富学生的精神世界。整本书阅读突出整体性，而不是细节。与单篇阅读相比，整本书阅读更强调"提高整体认知能力"。（见图3-4）

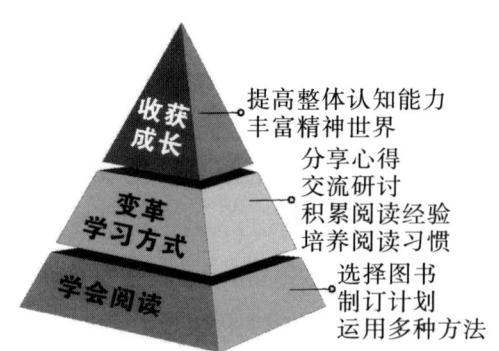

图3-4 整本书阅读的课程价值

整本书阅读贵在"整",也体现在教材中。小学二年级上册教材的"快乐读书吧"有这么一段话:"看到这些书名,你想知道故事中的主人公有怎样的奇遇吗?先猜猜看,再打开童话故事书,我们一起来读一读。"看书名猜读全书内容,就是着眼"整体认知能力",这与前面所讲,通过思维分析解答这道《西游记》中考题的思路殊途同归。

整本书阅读是通过整体性的阅读来培养阅读兴趣和习惯、形成适合自己的读书方法、提升综合素养的阅读活动。学生经历了整本书阅读后,思维应该更活跃、敏捷,更勇于探索创新。面对安徽省的这道中考名著阅读题,学生不应该只是努力回忆书中细节,更不应该试图依靠死记硬背来得分。整本书阅读培养学生联想想象、分析比较的能力,要用批判性思维解决学习、生活中的真实问题。

有老师坦言:类似安徽省中考这道题,考得太细,复习资料涵盖不了全书所有内容,无法复习应考。这种想法本身就是错误的,不想着怎么读书,一心记忆背诵,已经偏离了新课标的整本书阅读精神。整本书阅读不是借助所谓的"复习资料"来刷题,而是培养学生读书——爱读书,读好书,善读书。提倡整本书阅读却不重视"读",那不成了伪命题?

《西游记》是小学"快乐读书吧"的阅读书目,也是初中"名著导读"的阅读书目。小学五年级下册教材的"快乐读书吧"提示《西游记》"一回或若干回组成一个相对完整的小故事,连起来就串成了一个长篇故事"(流沙河收沙僧、三打白骨精、天竺收玉兔这三个故事就串成了《西游记》的长篇故事);七年级上学期"名著导读"为阅读《西游记》设置了3个探究专题,其中第一个专题是

"取经故事会：唐僧师徒西天取经路上经历重重磨难，构成了一系列惊险而曲折的故事。选择你最喜欢的一个故事讲给大家听"。无论是五年级读《西游记》"一回或若干回组成一个相对完整的小故事"，还是在七年级开好"取经故事会"，如果能把阅读《西游记》落到实处，做好这道中考名著试题根本就不难，哪里需要背诵记忆"复习资料"？

整本书阅读写入《普通高中语文课程标准（2017年版2020年修订）》，编入高中新教材，进入新高考，成了"三新"课程改革的助推器。整本书阅读是《义务教育语文课程标准（2022年版）》拓展型学习任务群，在义务教育阶段，学好新课标，用好新教材，读好整本书，同样是整本书阅读的"三要素"。

（本文刊发于2023年7月21日《中国教育报》，2023年第18期《人民教育》"观点"栏目摘引）

"整本书阅读与研讨"学习任务群在不同类别课程中的实施

《普通高中语文课程标准（2017年版2020年修订）》（以下简称"课程标准"）中，"整本书阅读与研讨""当代文化参与""跨媒介阅读与交流"等任务群是贯串必修、选择性必修和选修三个阶段且穿插于其他学习任务群的共同任务群。必修、选择性必修和选修三类课程中，共同任务群有不同的广度、深度和难度，要实施不同的教学策略。共同任务群在三类课程中不同的实施策略，体现了三类课程的区别和联系。

2019年安徽省教育科学研究项目"基于学习任务群的整本书阅读实践研究"（编号JK19003）研究必修、选择性必修和选修课程中整本书阅读的实施策略，同时关注三类课程中共同任务群实施策略的区别和联系，探索课程之间的衔接和统整。以"整本书阅读与研讨"学习任务群为例，它是必修课程的专属任务群，必修教材有整本书阅读单元教材，宜建构"三维度六课型九课时"教学体系，提高学生基本的整本书阅读素养；选择性必修课程是整本书的"研习"阶段，要基于学生的差异性和层次性，用"专题研习"策略来追求整本书阅读"面"的广度。选修课程更强调选择性学习内容和个性化学习要求，整本书阅读要选定书目，师生共同开发整本书阅读校本选修课程，以凸显选修课程学习"点"的深度，让学生获得良好的发展方向和空间。

一、必修课程：建构"三维度六课型九课时"整本书阅读体系

整本书阅读教学，要基于课程目标和学科素养，结合教材编写意图，设计出高度整合的积极的阅读活动，体现教学内容的规定性、教学过程的规范性。整本书阅读已经上升为国家层面的课程意志、成为基本教学任务，实现了课程标准、统编教材和整本书阅读"三位一体"。课程标准已经受到足够的重视，大家阅读深入研究整本书，但往往有意无意地淡化了统编教材在整本书阅读中的价值。

统编高中语文必修教材有两个整本书阅读单元，从而将整本书阅读置于大单元教学中。崔允漷教授指出，单元就是课程的细胞，是个完整的学习故事，涵盖花多少时间学什么、怎么学，学到什么程度，学会了没有等。整本书阅读是利用整本书结构的完整性、内容的连续性、逻辑的严密性、风格的一致性及教学的规划性，引导学生制订合理的阅读计划，培养良好的阅读兴趣，提高阅读恒心和意志，形成探索性、统整性的深度阅读习惯，纠正感性阅读和碎片化阅读造成的不良阅读习惯。为此，必修课程中我们构建"三维度六课型九课时"整本书阅读教学体系。现以《乡土中国》为例具体阐释。（如图 3-5）

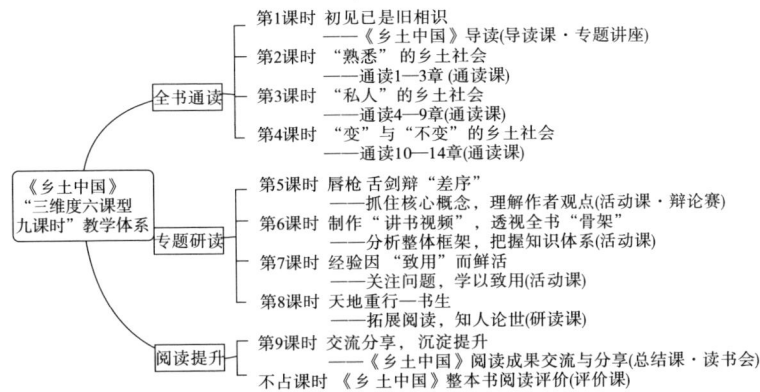

图3-5 《乡土中国》"三维度六课型九课时"整本书阅读教学体系

遵照"整本书阅读与研讨"学习任务群的要求，依托统编高中语文必修教材上册第五单元《乡土中国》整本书阅读单元，结合《乡土中国》的阅读价值，《乡土中国》整本书阅读目标明确为：

（1）激发学生阅读兴趣，引发阅读期待，引导学生综合运用精读、略读和浏览等方法读通、读懂《乡土中国》，认识中国乡土社会的结构和特点；

（2）理解书中的重要概念，把握作者的学术观点，探究作品的语言特点和论述逻辑。在阅读中发现问题，发展和提升思维水平；

（3）积累学术类著作的阅读经验，触类旁通，掌握学术著作的一般读法，提升阅读和表达能力；

（4）阅读相关评论和其他资料，把握本书价值取向。学以致用，借书中的理论和分析方法，进一步认识国家和人民，形成文化自觉。

为实现整本书阅读目标，需要研究课时安排和课型设计，探索促进学生整本书阅读习惯养成的路径,研究整本书阅读的策略方法,探究解决课内外阅读的契合方式等,进而设计从不会读、读不懂,到深入理解,并掌握"这一类书"阅读策略的阅读过程,即"三维度六课型九课时"整本书阅读教学体系。

(一)三个阅读维度

全书通读、专题研读、阅读提升三个阅读维度,由整体到部分,由"粗"到"精",再触类旁通,实现读好"这一本"会读"这一类"的课程目标。

(1)"全书通读"着眼于宏观和整体。先是导读,激发学生阅读兴趣,然后指导学生运用浏览、快读、猜读、跳读等阅读方法自主通读,"连滚带爬"读完全书。

(2)立足学情,立足课堂,依据教材中单元的4个学习任务设置整本书阅读情境任务,在课堂上组织阅读活动,深度探究,适当拓展,落实精细化、科学化的"专题研读"维度的阅读。

(3)设置"阅读提升"维度是为了建构读懂"这一本"书、掌握"这一类"书阅读经验的课程目标,通过沉淀和升华将阅读所得转化为素养。

(二)六种阅读课型

整本书阅读要以"读"为基点,以学生活动为主线,要突出不同课型阅读的实践与体验,促进阅读的逐步深入,体现整本书阅读的统整性。必修课程整本书阅读教学的课型主要有:导读课、通读课、研读课、活动课、总结课、评价课等。

（1）导读课的任务在"导"，重点是导学、激趣，让学生认识这本书，愿读这本书，会读这本书。

（2）通读课贵在获得对全书的整体印象。整本书阅读要从形式到内容把这本书看作一个完整的独立的"生命体"，通过完整阅读全书，实现读者与作者生活经验的对接。

（3）研读亦即精读，精细深入地研究品读；研读课以学生自主研读为主，辅以交流讨论和教师点拨。

（4）阅读需要以恰当的活动为载体，活动课突出开放性，尊重学生个性发展，课堂随着学生生活的变化而变化，让学生获得多层次、多角度、多方面的体验。

（5）总结课是阅读提升维度的课型，老师设计阅读"这一本"书的总结、反思的路径，让学生去思考，去感悟，去发现并把握规律，得到由个别到一般、由个性到共性的提升，积累阅读整本书的经验，掌握学术著作的一般读法。

（6）评价课的目的是为了检查阅读目标是否实现，整本书阅读评价形式多样且不一定要用"课"的形式来完成，因此一般不占用课时。

这6种整本书阅读课型有相融性，不是非此即彼的，每一种课型的实施都要注意与其他课型的适度融合。

（三）九个课时

整本书阅读不是大众化自由阅读，它是特定人群有目的性的学习活动，是通过整体性的阅读来培养阅读兴趣和习惯、形成适合自己的读书方法，是提升综合素养的阅读活动。在课程标准中，"一部学术著作"《乡土中国》的教学时间是 9 课时,统编教材整本书阅读单元的教学时间也是 9 课时。上海师范大学教授郑桂华说:"我认为 9 课时并不重要,重要是有了 9 课时。有了 9 课时,它就是 0 到 9 的一个飞跃,就是一个性质的变化。"

用 9 课时来完成《乡土中国》整本书阅读,教师需要精心拟定整本书阅读课时教学设计,这能唤醒我们对时间的敏感,加强对时间的控制,进而掌握整本书阅读教学的主动权。

二、选择性必修课程:落实整本书阅读"专题研习"策略

选择性必修和选修课程是在必修课程基础上的逐步延伸、拓展、提高和深化。选择性必修课程是整本书的"研习"阶段。这个阶段的整本书阅读,根据所穿插专属任务群的内容与目标、定位与价值设计具体的研习任务,实施"专题研习"的整本书阅读策略。选择性必修阶段的整本书阅读依然"三位一体",现以《茶馆》为例进行阐释。

《茶馆》的整本书阅读置于统编高中语文选择性必修教材下册第二单元"时代镜像",穿插在"中国当代作家作品研习"的学习中。共同任务群在选择性必修课程中"不设学分",没定课时,教学实施存在较多不确定因素。为保证整本书阅读教学内容的规定性、教学过程的规范严谨,我们首先以必修课程整本书阅读教材单元为蓝本,编写了《茶馆》整本书阅读教材。

选择性必修下册第二单元"整本书阅读",这是共同学习任务群"整本书阅读与研讨"贯串在选择性必修课程中的学习,是学习任务群"中国现当代作家作品研习"中穿插的整本书阅读。

《茶馆》以老北京裕泰茶馆为舞台,用茶馆里各色人物个人生活的变化来展示清末到民国半个多世纪中国社会的沧桑变化,堪称中国现当代文学的话剧典范。作品被曹禺誉为"中国话剧史上的瑰宝;第一幕是古今中外剧作中罕见的第一幕",被王蒙誉为"1949年新中国成立以后最好的作品"。

研习《茶馆》这部戏剧精品,要结合清末到民国半个多世纪的中国社会历史背景,理解剧本的思想文化内涵,探索其中蕴含的民族心理和时代精神;还要根据戏剧的主要表现手法,多角度、多层次探究剧本的意蕴,获得鲜活的审美体验,加深对当代话剧的了解。

老舍的作品注重文化,铺写世态,在往昔岁月和市井画面的组合中聚焦着国家的命运和人民的悲欢,《茶馆》正是这样一部"感时忧国"之作。这部剧作不以尖锐的冲突和曲折的情节取胜,而在对裕泰茶馆的日常生活描写中寄寓作者深刻的思考和鲜明的爱憎。

1. 阅读指导

话剧是一种以对白和动作为主要表现手段的戏剧样式,20世纪初才移植到中国。作为文学体裁之一,话剧有其独特的艺术魅力,阅读欣赏不能仅停留在文本层面,还可以结合表演,走进艺术世界,领悟其艺术内涵和独特价值。

怎样阅读《茶馆》剧本呢?可以尝试从以下几个方面来把握。

(1)独立自主阅读。同学们已经完成了"整本书阅读与研讨""文学阅读与写作"等学习任务群的学习,积累了整本书阅读的经验和方法,提升了文学欣赏能力。请自主阅读剧本,把握戏剧冲突,并选择片段尝试表演。

(2) 积极主动参加研讨活动。阅读时要随时记录阅读感受,撰写读书笔记,在"《茶馆》研习读书报告会"上积极发言,也可以用自己喜欢的方式与同学交流阅读体会与感悟。

(3) 关注人物和时代关系。没有冲突就没有戏剧,《茶馆》所采用的是特殊的戏剧冲突——人民与旧时代的冲突。剧中人物的言行举止都是在时代外力作用下运行的必然结果。阅读时要梳理人物与时代的关系,准确把握人物形象,理解作者的创作意图。

(4) 赏析"在微笑中蕴含着严肃和悲哀"的台词。《茶馆》的语言魅力是其艺术上的一大特色,剧中台词不仅能表现人物的鲜明个性,还透露着时代信息,夹杂着幽默味道。学习时可以通过精研对话、观看话剧演出等方式,品味戏剧特点和艺术表现力。

2. 研习任务

以下任务供参考,可以选择其中一部分完成,也可以自行设计任务。

(1) 把握第一幕"罕见"的内涵及价值。中国现当代文学的特点之一是"感时忧国",作家的目光更多地凝聚在国家命运和人民悲欢上。曹禺称赞《茶馆》的第一幕是"古今中外罕见的第一幕"。请研习第一幕,查找资料,讨论其"罕见"的内涵及价值,在班级组织的"《茶馆》研习读书报告会"上发言。

(2) 从"图卷戏"切入探讨老舍的戏剧风格。特定的时代环境,不同的人生经历,各异的禀赋气质使得每一个作家都有自己的风格。请赏析《茶馆》卷轴画式的平面结构(即"图卷戏"),写一篇评论,探讨"人民艺术家"老舍的戏剧风格,全班研讨交流。

(3) 尝试创作话剧。话剧作为文学体裁之一,因其独特的艺术表现方式而受到普遍喜爱。请查找资料，了解更多话剧知识，深入领略话剧的魅力，尝试自己创作一个话剧（或者选择本单元的一篇课文改编成课本剧）。

选择性必修注重学习"面"的广度，课程标准为"中国现当代作家作品研习"设置 0.5 学分 9 课时。根据选择性必修教材下册第二单元学习的需要，我们设计用 4 个课时完成穿插在选择性必修课程中的《茶馆》整本书阅读。（如图 3-6）

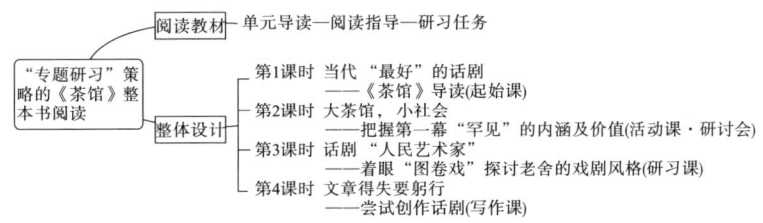

图 3-6 《茶馆》整本书阅读"专题研习"策略

三、选修课程：开发整本书阅读校本选修课程

"学生可自由选择学习"，"鼓励开展个性研究，充分激发学生的学习兴趣和潜能"。与必修、选择性必修课程相比，选修课程更强调选择性学习内容和个性化学习要求。选修课程注重学习"点"的深度，要让学生获得良好的发展方向和空间。共同任务群"整本书阅读与研讨"在这个阶段的实施策略：选定书目，师生共同开发成整本书阅读校本选修课程。现以《苏东坡传》整本书阅读选修课程的开发为例作具体阐释。

首先，要确定好穿插的学习任务群。《苏东坡传》整本书阅读校本选修课程，是"整本书阅读与研讨"穿插在选修课程专属任务群"中国现当代作家作品专题研讨"中的整本书阅读。其次,贯彻课程标准精神"选修课程由学校根据实践情况规划开设,学生自主选修修习",将学生视为课程开发的主体,学习任务群、学生和整本书"三位一体"开发整本书阅读校本选修课程。(详见第四部分《传统文化:〈苏东坡传〉整本书阅读选修课程》一文)

"基于学习任务群的整本书阅读研究"课题研究的两年多,我们深刻认识到:新课程新教材实施,要全面落实课程标准和统编高中语文教科书的理念和要求。"整本书阅读与研讨"等共同任务群,要把握必修、选择性必修和选修课程的区别和联系,针对三类课程不同的广度、深度和难度,精准实施不同的教学策略,做好课程之间的衔接和统整,切实提高学生核心素养,实现立德树人的教育目标。

(本文刊发于2021年第6期《学语文》,原题为《共同学习任务群在不同类别课程中的实施——以"整本书阅读与研讨"学习任务群为例》;是安徽省教育科学研究项目"基于学习任务群的整本书阅读实践研究"结题报告的学术部分,该课题于2021年10月结题,鉴定等级"优秀")

第四部分
"促个性"阅读：选择读·培养创新能力·差异性

建构开放多元的"读整本书"课程资源体系

在理想课程与实际课程之间存在冲突的大背景下,现代课程计划的有限性与"读整本书"需求的无限性之结构性矛盾尤为突出。结构化复杂性高,活动涉及因素多,学习空间开放,任务无限而课时有限、课堂教学不好操作、教学与评价难以"一致"、社会阅读环境影响不可控……新课程改革初期就暴露出的"读整本书"的问题,直至今天也没有得到有效解决。

如何直面并有效改变"读整本书"的尴尬局面?怎样将"整本书"融入语文课程体系之中,使得分配在整本书阅读教学上的有限课时能产生足够明显的教学效果?早在 2019 年,郑桂华教授就呼吁:"化约整合语文课程资源,建立不同任务群学习的关联,实现整本书阅读学习的增益。"为了更好地贯彻新课程精神,构建更为完善的课程资源势在必行。

近年来,我们着力开发"读整本书"基础型课程资源、发展型课程资源、拓展型课程资源,构建"开放多元的'读整本书'课程资源体系",推动语文学科及语文阅读的长效发展,为基础教育课程改革的持续推进提供有力支撑。

一、课程资源是课程设置的前提和保证

早在 1949 年,泰勒就对课程资源作出了界定。但课程资源研

究在国内一直未受重视,直到 2001 年《基础教育改革纲要(试行)》颁布,人们才意识到开发课程资源的重要性。

2017 年第九次课程改革启动,"课程资源"地位被提升到从未有过的高度:《普通高中语文课程标准(2017 年版 2020 年修订)》指出"为满足普通高中语文课程多样化和选择性的需要,必须增强课程资源意识",《义务教育语文课程标准(2022 年版)》强调"课程资源的使用要以促进学生核心素养发展为目的,多角度挖掘其育人价值,与课程内容形成有机联系,促进课程目标全面达成"。但国内研究课程资源多侧重理论,纵观阅读课程资源开发和利用的实践层面研究,有的将阅读资源开发的范围拓展到学校之外,有贪多求大之嫌,忽视学校和教师难以协调社会阅读资源隶属单位之间关系的现实,操作性不强;有的有意无意脱离国家课程计划,致使课程资源的开发和利用随意性大,没有认识到在国家三级(必修、选择性必修、选修)课程管理制度刚确定,在国家课程计划框架内寻求阅读资源更为现实;有的忽视了适度性原则,没有把握好阅读课程资源开发的深度和广度,加重了学生学业负担,也加重了教师的负担。

《义务教育语文课程标准(2022 年版)》指出:"要从核心素养形成和发展的内在规律出发,紧密结合语文教材内容,选择有利于组织和实施综合性语文实践活动的优质资源,构建开放多元的教学资源体系。"因此,建构"开放多元的'读整本书'课程资源体系"应该基于学校教育教学的实际,贯彻"双减"精神,立足于用好用足教材。"开放多元的'读整本书'课程资源体系"明目标,重评价,贵进阶,满足高中语文课程多样化、选择性的需求,体现基础教育连续性和进阶性;实现"读整本书"教学评的一致性,有助于推动高中教育改革和发展。并且通过系统性的课程设计和资源构建，探究学科实践，引导教师和学生真正从基于教科书的教与学走向基于资源的教与学，深入探究基础教育阶段的阅读路径。

二、建构开放多元的"读整本书"课程资源体系

培根铸魂、启智增慧的教材，体现国家意志，明确主流价值导向，在人才培养各环节发挥着统领作用。温儒敏教授说："有什么样的教材，就有什么样的国民。"开发"读整本书"课程资源要聚焦教材，要与教材单元对应，切实发挥阅读育人的功能。我们结合教材内容，针对学生的阅读实际和发展需要，开发普通高中基础型、发展型、拓展型整本书阅读课程资源，建构开放多元的"读整本书"课程资源体系。

（一）"读整本书"衔接阅读课程资源建设

根据普通高中整本书阅读需要，统筹小学教材"快乐读书吧"、初中教材"名著导读"等课程资源，建设"义务教育整本书阅读课程资源库"，并开发"小初高'读整本书'衔接课程"。

（二）"读整本书"基础型课程资源建设

新生入学，如何开启阅读之旅？到图书馆去，选择时代感强、生活气息浓、亲切易于接受的杂志，在与生活接轨的阅读中激发读书兴趣和期待。聚焦图书馆期刊的阅读资源，每周安排一节语文课到图书馆的阅览室里，引导学生选自己喜欢的杂志，集中时间和精力自由阅读，落实"语文课进阅览室"聚焦课程。

阅览室的语文课，学生自由选择兴趣相投的阅读同伴，交流碰撞；可以任意选择哲思睿语、佳题共赏、雏凤新声等 10 个阅读专题中一两个切入点，精读其文，摘抄精华，做些积累，写点感悟……"语文课进阅览室"聚焦图书馆的期刊阅读资源，呈现课外读物"课堂化"阅读，学生在真切而丰富的阅读体验中培养阅读习惯，掌握阅读方法，提升阅读能力。

聚焦高中语文必修课程教材"整本书阅读单元"，统筹《乡土中国》《红楼梦》等丰富多样的整本书阅读资源，开展形式多样的阅读活动，促进动态资源不断生成，让整本书阅读走出课堂，突破个人阅读局限，落实阅读多元化。开发"读懂学术著作——《乡土中国》整本书阅读校本课程""读懂长篇小说——《红楼梦》整本书阅读校本课程"，体现"整本书阅读与研讨"学习任务群课程价值。

(三)"读整本书"发展型课程资源建设

对应高中语文选择性必修教材单元，着眼于学习"面"的广度，根据学生个人需求和升学考试需要，建设整本书阅读发展型课程资源，着力研究选择性必修课程整本书阅读的可行性，探索"整本书阅读与研讨"学习任务群穿插其他学习任务群的路径。

对教材的再开发应用是课程资源开发的一个重要环节；充分挖掘并利用课程资源，也是对教材进行再开发的重要方式之一。遵循课标精神，基于对教材整本书阅读资源的追求、思辨、实践、反思，从课程目标、课程内容、课程实施和课程评价等方面，对必修教材上册第五单元《乡土中国》整本书阅读、下册第七单元《红楼梦》整本书阅读进行课程重构，实现国家课程校本化，开发"整本书阅读拓展课程"。

在选择性必修课程中，开发《堂吉诃德》《牡丹亭》《彷徨》等整本书阅读选修课程，探索在高二开设整本书阅读的可行性和路径，给教材修订提供参考数据。

（四）"读整本书"拓展型课程资源建设

着眼于学习"点"的深度、阅读的差异性和层次性，根据学生的阅读兴趣和潜能，建设整本书阅读拓展性课程资源，研究必修课程整本书阅读的路径，落实个性化阅读，促进学生个性化成长。

国家课程、地方课程、校本课程的三级课程管理制度已经确立，国家课程又分必修、选择性必修、选修三种类型。课程标准提出："要积极探索新的课程开发和管理方式，为国家课程的有效实施提供充分的师资准备和资源保障。"利用课外读物的阅读资源，开发各具特色、精彩纷呈的"整本书阅读校本选修课程"，突出国家课程关于选择性学习内容和个性化学习要求，让学生获得良好的发展方向和空间，这是落实课程改革精神的有效措施。如"智者东坡——《苏东坡传》整本书阅读校本选修课程"。

在选修课程中，结合人教社编写的《普通高中课程标准选修课程用书》，开发《毛泽东诗词集》等整本书阅读选修课程，探索在高三开设整本书阅读的可行性和路径。同时开发整本书阅读聚焦课程、高中阅读通识课程等。

1. 开发"语文课进图书馆"辐射课程

到了高二（或高一下学期），学生有了阅读体验和积累，阅读素养得到提升。在此基础上，综合教材内容、阅读需要、学生兴趣等多方面因素，师生共同开发个性化的"语文课进图书馆"辐射课程。这是将教材阅读资源和图书馆阅读资源的融合，即以某个学期语文学习内容为圆点，教材知识的内在逻辑联系进行多维度拓展与延伸而开发的阅读课程，是教材阅读向课外读物阅读的"辐射"。

紧密结合教材，建构开发多元的"读整本书"课程资源体系，进一步拓展教材内容，促进学生自觉成长、自主发展，促进课程教学改革，充分发挥课程资源的育人功能。充分利用开发多元的课程资源，开发整本书阅读选修课程，解决整本书阅读内容窄化、阅读方法僵化、评价方式泛化等问题。

2. 组建阅读社团，开发阅读活动课程

《普通高中语文课程标准（2017年版2020年修订）》提出："积极利用与开发各种课程资源，创造性地开展各类活动""教师应善于发现学生阅读整本书的成功经验，及时组织交流与分享"。《中小学生课外读物进校园管理办法》在强调"规范课外读物进校园管理"的同时，反复要求"拓展阅读活动""注重开展形式多样的阅读活动，提高学生阅读兴趣，培养良好的阅读习惯""学校要采用适当的形式表彰阅读活动表现突出的师生"。

志趣相投的学生互相邀约，为阅读而结成社团，营造校园阅读氛围，在阅读活动中提振持续读书的信心，形成阅读力。建立阅读社团能让阅读成为学校、成为师生的生活常态，是开发和利用阅读课程资源的首选，从而极大地调动学生阅读的积极性和主动性，让阅读"鲜活"起来。如合肥十中组建长路文学社、FIND戏剧社、年轮朗诵社、辩论社等阅读社团，以及相应的阅读活动课程。

三、整本书阅读目标的制定

《义务教育语文课程标准（2022年版）》指出要"合理安排不同学段内容，体现学习目标的连续性和进阶性"。为保证整本书阅读"进阶"有理、有据，"开放多元的'读整本书'课程资源体系"根据课程标准和教材内容，研制小学、初中、高中（必修课程、选择性必修课程、选修课程）不同学段的整本书阅读目标。根据阅读目标，设计评价任务，制定不同学段的"整本书阅读目标量表"，进行包括评价量表、调查问卷等形式的多元评价，把握学生整本书阅读目标达成情况，保证教学评的一致性；通过资源整合、成果提炼等方式，建构"高中'读整本书'成果展评体系"（即成果导向的整本书阅读评价），展评、推广高中学段整本书阅读的经验和成果，让"进阶"的整本书阅读课程资源建设有"实证"保障。

根据课程标准要求，设计"义务教育整本书阅读目标"，调查研究义务教育整本书阅读状况，设计"义务教育整本书阅读评价量规"，并对高一新生进行整本书阅读评价，明确高中整本书阅读的"起点"。

着眼课程标准及必修教材，根据学生阅读实际，设计高中必修课程整本书阅读目标量表、评价量规，适时对高一学生进行必修课程整本书阅读过程性评价和终结性评价。

着眼课程标准及选择性必修教材，根据学生必修课程的阅读程度，设计高中选择性必修课程整本书阅读目标量表、评价量规，适时对高二学生进行选择性必修课程整本书阅读过程性评价和终结性评价。

着眼课程标准及人民教育出版社的选修教材，根据学生选择性必修课程的阅读程度，设计高中选修课程整本书阅读目标量表，建构"高中整本书阅读成果展评体系"，适时开展有一定仪式感的"高中整本书阅读成果展评活动"。

鉴于整本书阅读的丰富性和复杂性，以及诸多不可控因素，设置高中整本书阅读最低目标：所有学生前一个学段的整本书阅读素养不在后一个学段退步。也就是说不一定能很好地实现整本书阅读的理想愿景，但一定让每个学生的整本书阅读比以前"更好"。整本书阅读的"高阶"目标不封顶。

四、"读整本书"课程资源体系的理论依据

"开放多元的'读整本书'课程资源体系"突出校本和选修课程属性，坚守整本书阅读的学术性底线。探索如何建构整本书阅读基础型、发展型、拓展型课程资源；研究让整本书阅读由"无序"逐步"有序"、由"感性"逐步"理性"、由"独立"逐步"融合"，从基础层面到更为高阶的策略和路径；研究制定小学、初中、高中（必修、选择性必修、选修）不同学段整本书阅读的目标，以及根据阅读目标实施阅读评价的策略和路径，让评价检验阅读目标，促进阅读提升。阅读目标体现基础教育学习的连续性和进阶性，能让每个学段的整本书阅读都有坚实的基础，都是前一个学段的发展和提升。

建构"开放多元的'读整本书'课程资源体系"以"一般发展""实证主义""建构主义"为理论依据；明确各学段、各年级整本书阅读目标梯度，着眼于全体学生在阅读能力上最低限度的发展，让每个学生的整本书阅读比以前"更好"；注重阅读评价，以

实证的态度监测整本书阅读课程的全过程；各学段、各年级循序渐进，后一阶段以前一阶段为基础"进阶"……形成一个完整的"读整本书"闭环结构。

"读整本书"的终极目标是实现自身成长，为此，《课程标准》倡导"自主、合作、探究式学习"。但多年来的实践效果并不理想：打着"自主、合作、探究式学习"的旗号，忽视了学习方式的丰富性，"为了合作而合作""为了探究而探究"，套用程式、缺乏严谨性与学科典型性，导致真正指向素养和能力培育的环节难以展开等问题频现。"开放多元的'读整本书'课程资源体系"重组课程内容，用整本书阅读的学科实践来探索与素养目标和内容结构化相匹配的、学科典型的学习方式，形成先进课程理念和具体学科教学合二为一的可操作、可推广的典型案例。

"开放多元的'读整本书'课程资源体系"关注学生的不同特点和个性差异，在一定程度上积极面对当代基础教育改革和发展所无法回避的重大问题，反映当代教育教学改革的主导思想、主流价值观，与新时代人才培养的基本要求密切相关。

"开放多元的'读整本书'课程资源体系"探索构建优质的阅读教育生态系统，探索提升学生阅读力的科学路径。通过举办阅读会议、发表论文、出版著述、媒体宣传等多种途径，实现学校阅读课程育人功能的外溢。这种全面的话语体系使得研究成果能够在学术界和教育实践中得到广泛传播和应用。

第四部分 "促个性"阅读：选择读·培养创新能力·差异性

学术著作：《杜甫传》整本书阅读选修课程

本部分收录《构建〈杜甫传〉整本书阅读操作层面的课程体系》（刊发于《中小学教材教学》）和《走进〈杜甫传〉的三种路径》（刊发于《十几岁·高中生阅读与写作》）两篇文章。

构建《杜甫传》整本书阅读操作层面的课程体系

《普通高中语文课程标准（2017年版2020年修订）》（以下简称"新课标"）在吸取多年语文教学经验的基础上，明确提出语文学科核心素养，主要包括语言建构与运用、思维发展与提升、审美鉴赏与创造、文化传承与理解4个方面。这是实现立德树人这一教育根本目标的具体途径，也是12条具体课程目标延伸拓展的4个维度。核心素养从一线教学经验中来，也必须回到一线教学实践中落实。

任何改革的举措都基于一线的实践。"课程改革有两条路线：自上而下与自下而上。随着课改的深入，改革的路线正在发生变化，即在自上而下与自下而上互相结合的同时，更鼓励、倡导自下而上地进行。"进入课程层面的整本书阅读是一种结构合理化的教学活动，需要精心的课程设计与教学安排，以达成具体的教学目标——进入高中课堂的整本书阅读需要操作层面的课程体系。

新课标的顶层设计给一线教学实践指引了更明确的方向，也给课程改革提供了更广阔的空间。课程是用"课"的方式规范、引导学生学习的"进程",一般包括目标、内容、实施、评价等元素。冯至《杜甫传》整本书阅读属于"学术著作的阅读",根据新课标精神,我们开发了"诗中圣哲——《杜甫传》(冯至著)整本书阅读课程"。

(一)课程目标

整本书阅读课程的目标必须贯彻新课标精神,同时引进、借鉴、融合语文学科核心素养,兼顾学校办学理念、办学条件、教师素养和学生实际等。

贯彻新课标精神,《杜甫传》整本书阅读课程目标确定为:

(1)精读 2 万字,泛读 8 万字(《杜甫传》字数)。掌握并运用浏览、略读、跳读、研读、精读等阅读方法,建构阅读整本书经验,形成适合自己的读书方法。

(2)主动积极地提出问题、解决问题,提高运用口语和书面语有理有据地表达自己观点的能力;在交流分享和展示中,培养阳光自信的心理和尊重他人的态度,培养主动探索、迎接挑战的意志品质。

(3)通过交流分享、展示汇报以及丰富多彩的阅读活动,激发学生阅读兴趣,引导享受阅读愉悦,培养学生的读书情怀,形成良好的阅读习惯。

(4)赏析"以杜解杜"、化诗为传的传记风格;读懂杜甫的人生,读出杜诗的深刻;体会语言背后的喜怒哀乐,形成个性言语经验,增强形象思维能力。

(5)通过研读理解杜甫走上用诗歌反映广阔现实生活的艺术道路的深层原因,感受中华文化的思想理念和人文精神,培育对国家、社会的责任感与使命感。

基于课程目标进行整本书阅读教学时，每个课时还要有具体可行的教学目标。例如《杜甫传》整本书阅读课程第 1 课时《以诗入传激期待》（导读课）的教学目标可以进行如下确认：

（1）由《望岳》一诗切入，引导学生初次走进《杜甫传》，对杜甫有所了解，从而喜欢杜甫，愿意读"杜甫"。

（2）借助目录梳理《杜甫传》大纲小目，增加对《杜甫传》的了解，产生阅读兴趣，激发阅读的好奇，对阅读结果有良好的心理预期。

（3）撰写《杜甫传》局部内容提要，把握《杜甫传》局部内容的重要观点及作者的价值取向。

成尚荣说"课程"即跑道，"比赛有终点——课程应有鲜明的目标；比赛要按照规定的跑道进行——课程应有计划性；比赛是一个过程，赛手的状态和感受各不相同——课程要关注过程及过程中的体验；比赛是一个不确定的过程，但它离不开规定性——规定性和不确定性的结合构造了课程完成的意义。"——整本书阅读课程目标是"道"，是课程的起点，是终点，因此表述务必全面恰当、清晰具体。

（二）课程内容

一部经典进入课程层面，就牵一发动全身了。通常要按"自主通读内容"——"专题研读内容"——"课堂精读内容"的顺序由大到小、由粗到细进一步处理。

1. *自主通读内容*

"自主通读内容"就是《杜甫传》全书内容。整本书阅读的本质是学生"自读",教师要允许学生处于基础阅读、检视阅读、分析阅读、研究阅读等不同层次上。"自主通读"要确保学生用一己之力,老老实实把《杜甫传》完整地读下去。整本书阅读要求"下要保底,上不封顶",通读全书就是"底"。

2. 专题研读内容

整本书阅读要求"整体上托住底",又有"个性化的开拓"。在通读《杜甫传》全书的基础上,学生根据自己的阅读兴趣和方向,确定以任务为导向,以学习项目为载体的专题研读内容。第5课时《诗心千年圣于地》是根据全书通读阶段学生产生的阅读问题而设计,围绕"杜甫其人"展开专题研读。《诗心千年圣于地》的"专题导读"中明确了专题研读内容:

"诗心千年圣于地"专题试图通过对《杜甫传》中杜甫人生经历、重要事迹、典型细节的精读,分析杜甫的性格情感,把握并客观评价杜甫的形象,思考杜甫形象的现实意义,以求从杜甫身上汲取前行的动力和使命——走近伟大人物,积累阅读经验,启发人生思考,获取前行力量。

3. 课堂精读内容

"阅读整本书,应以学生利用课内外时间自主阅读、撰写笔记、交流讨论为主。"因为课堂时间有限,为达成课程目标,"课堂精读内容"要针对具体的情境与对象,必须明确、具体而精当,且易操作。《杜甫传》整本书阅读课程第5课时《诗心千年圣于地》的"课堂精读内容"如下:

搜集梳理《杜甫传》中杜甫的主要人生经历;精读第五章、第七章、第十三章的相关内容。

（三）课程实施

课程实施是指如何更好实施课程内容，来实现所期望的课程目标，包括研究整本书阅读的课时安排和课型，探索促进学生整本书阅读习惯养成的路径，研究引导学生进行整本书阅读的策略方法，探究解决课内外阅读的契合方式，等等。后现代主义课程专家多尔认为，课程不是"跑道"，而是在"跑道上跑"的过程"跑"，就是过程，是学生的阅读过程，即课程实施。

1. 全书通读

课型是在对教学观念、教学内容、教学策略、师生活动方式等方面共同特征进行抽象概括的基础上形成的具有操作性的教学结构和程序。"全书通读"一般运用"导读课"和通读成果"交流分享课"（或读书会），分别用1课时。《杜甫传》课内安排1课时以确保阅读真实地发生。

2. 专题研读

根据如图4-1"专题研读"流程，《杜甫传》整本书阅读课程确定4个专题，课内外结合用4个课时完成。"交流分享课（或读书会）"后生生互动、师生互动，于课外完成"流程①②"。

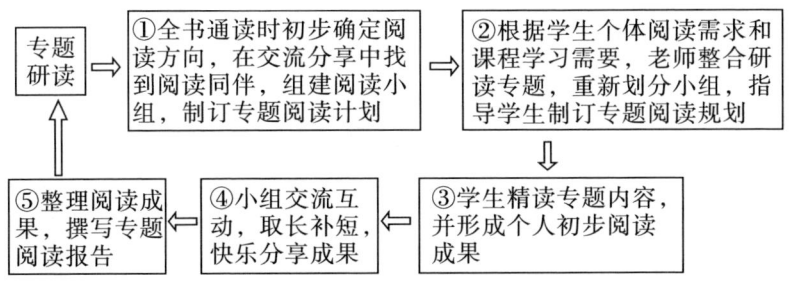

图4-1　整本书"专题研读"流程

专题研读的整个流程不可能都用课堂时间来完成。整本书阅读课程中,一个专题只有一个课时的教学时间。专题研读的课堂教学,如果着眼于"流程③",课型就是阅读推进课;如果着眼于"流程④",课型就是交流分享课(或阅读活动课);如果着眼于"流程⑤",课型则为成果展示课(或读书会)。

3. 阅读提升

"成果展示"是"阅读提升"阶段的主要课型。这个维度的阅读,侧重阅读成果提炼和展示,整本书阅读经验与方法的建构及交流,学生世界观、人生观和价值观的提升等。《杜甫传》整本书阅读课程安排1课时,引导学生在更多维度里提升阅读素养、完善人格培养等。(如表4-1)

表4-1 诗中圣哲——《杜甫传》整本书阅读课程安排

阅读维度	课时	内容	课型
全书通读	第一课时	以诗入传激期待	导读课
	第二课时	四天4小时一本书	通读课
	第三课时	问题是这样炼成的	交流分享课
专题精读	第四课时	蓬门今始为君开	阅读推进课
	第五课时	诗心千年圣于地	阅读推进课
	第六课时	少陵自有连城璧	阅读推进课
	第七课时	沿波讨源品匠心	阅读推进课
阅读提升	第八课时	蓦然回首望子美	读书会
	第九课时	窗含西岭千秋雪	阅读评价课

（四）课程评价

课程评价是指如何确定课程目标已经或正在得到实现。《杜甫传》整本书阅读课程评价以激励为主兼顾质量，采用定量和定性结合的多元评价，由静态评价转向发展评价，从工具评价转向人文评价，突出评价主体的多样性。

1. 学生学业评价

（1）过程性评价

整本书阅读课程的每个课时都有详细的记录和统计，及时准确地以分数的方式呈现学生的阅读表现，这就是过程性评价。如第 2 课时《四天 4 小时一本书》（通读课）的"过程性评价"向度表所示。（如表 4-2）

表 4-2 "过程性评价"向度表（通读课）

姓名	出勤 （2分）	阅读任务 （4分）	问题交流 （2分）	自我评价 （2分）	总分

说明：①满分 10 分，每项分数可以精确到小数点后一位；②"出勤"可以注明迟到、卫生值日等（如果旷课、请假，该课程内容要重修）；③"阅读任务"主要指完成《杜甫传》全书约 8 万字的阅读量，检查阅读痕迹（读书笔记、在书中圈点勾画等），阅读小组评定分数；④"问题分享"的依据是学生在通读中提出的问题，由老师评定；⑤"自我评价"是学生根据自己的阅读成就感来评定。

（2）终结性评价

"终结性评价"包括三个方面：阅读成果、学生互评、老师评价。

2. 课程本身评价

用问卷调查的方式，从六个方面对《杜甫传》整本书阅读课程本身进行评价：①课程目标定位是否准确；②课程内容是否具体恰当；③课程实施是否具有可操作性；④阅读方法是否多样合理；⑤时间安排是否恰当；⑥教学效果是否令人满意。整本书阅读课程本身评价所获得的信息，是教师进行阅读课程研究和开发的第一手资料。

整本书阅读只有经过课程化才能成为课程。《杜甫传》整本书阅读课程以课堂活动为主，辅之以学生课外的自主阅读与研读，便于落实操作且乐见成果；既确保学校支持、学科配合、课时保障、教师投入等，也可以保证整本书阅读的规范化和持续性，是彰显整本书阅读独立课程价值的有效探索。

（本文刊发于 2019 年第 4 期《中小学教材教学》，原题《构建整本书阅读操作层面的课程体系——以〈杜甫传〉〈苏东坡传〉整本书阅读为例》）

走进《杜甫传》的三种路径

《杜甫传》是新中国成立后的第一部杜甫传记，文字朴实典雅，持论客观公允。1951 年，该书在杂志连载后，得到各方关注，反响热烈。毛泽东主席曾对冯至说，写《杜甫传》是"为中国人民做了一件好事"。

传记中,冯至按时间线索,详尽记述唐代诗人杜甫的家事与出身、童年、壮游、长安十年困顿、中年的流亡、晚年的悲剧,展现他行走于山川中的经历与诗歌创作,为我们还原了一位扛起唐诗半壁江山的诗圣真实而立体的形象。

阅读《杜甫传》,我们将跟随杜甫的脚步,从他出生的巩县开始,游历他一生走过的重要地点,感受他的生活经历和时代背景。杜甫力透纸背、光辉璀璨的名篇佳句,在恶劣的环境和拮据的生活中永葆赤诚、希望和热血的精神,尝尽生活的艰苦后依然对国家、对人民、对大好河山饱含深情的坚忍和乐观,让人不禁热泪盈眶。

如何阅读《杜甫传》?浏览、跳读、精读,是进入这篇传记的三种路径。

(一)浏览:"以杜解杜",给杜甫和唐朝社会画像

每本书都是一个完整的"生命体"。书的封皮映射着一本书的气质和精神。浏览封皮,我们会对《杜甫传》有整体印象。

该书的封面简洁素淡,"杜甫传""冯至著"6个字分两行排列,画家蒋兆和创作的经典杜甫画像居中,显眼处还印刷着"语文阅读推荐丛书"字样;封底有王蒙、温儒敏等5位名家的推荐语……

打开书,浏览目次、正文前后内容,我们看到全书有13篇正文,正文前有《导读》《重版说明》和《前记》,阅读并圈点勾画这些文章的重要句段,可梳理出如下重要信息:

在《导读》中,我们读到《杜甫传》的写作经过、成书基本情况、全书基本内容、传主主要经历,还有冯至"以杜解杜"、化诗

为史的研究方法。在《重版说明》中，冯至介绍了书籍再版的背景，增补的内容。阅读《前记》，我们了解到冯至写作这部作品的初衷，即认识杜甫"在他的时代里是怎样生活、怎样奋斗、怎样发展、怎样创作，并且在他的作品里反映了些什么事物"，以及作者的创作原则——"力求每句话都有它的根据""空白的地方只好任它空白"等等。

正文后有5篇"附录"，前四篇文章可以选择读或不读；"附录5"是夏承焘先生的《读〈爱国诗人杜甫传〉》，可以看作本书的"后记"，通读全书后再阅读，会有启迪和帮助。

继续以封皮内容和目次为线索查阅资料，可加深对《杜甫传》的了解：传主是伟大的诗人杜甫，作者是被鲁迅赞为"中国最杰出的抒情诗人"的冯至，这是一部"诗人为诗人写作的传记"。

冯至以诗人的敏悟和小说家的匠心，"用虔诚的心与虔诚的手"给杜甫画像，也画出了诗人所处社会的图像。全书13篇文章主要回答了这样一个问题：杜甫怎样因为他的时代、他的生活以及个人主观努力，走上用诗歌反映广阔的现实生活的艺术道路？

冯至写作《杜甫传》取材的基本对象是杜甫诗篇，但不是采取介绍作品的方式，而从诗人的角度解读杜甫的诗歌，"以杜解杜"是《杜甫传》的突出特点。杜甫诗歌被誉为"诗史"，杜甫的一生也是一部动人心魄的"诗史"。作者从立传的要求出发，将最能显示杜甫自身形象、最能反映杜甫生活经历和人生遭遇的杜诗还原为史料，突出传主形象的完整性和整个生活过程的连续性。

(二) 跳读：以人、社会、时代串联杜甫的一生

"携妻抱女流离日，始信少陵句句真。"在着手写《杜甫传》的前一年，冯至在《杜甫和我们的时代》中写道："抗战以来，无人不直接或间接地尝到日本侵略者给中国人带来的痛苦，这时再打开杜诗来读，因为亲身的体验，自然更能深一层地认识。"

《杜甫传》是诗人冯至结合自身的流亡经历，以切身的感触和体会表现杜甫诗化生涯的佳作，是一部将诗与人、诗与社会、诗与时代相糅合的诗人传记。

《杜甫传》正文13篇，从篇名《长安十年》《侍奉皇帝与走向人民》《陇右的边警与艰险的山川》《幕府生活》《夔府孤城》等便能看到杜甫一生充满坎坷，特别是《流亡》《再度流亡》《悲剧的结局》等，读来触目惊心。

梳理"大纲小目"，以目录为线索跳读全书，可以大致了解全书的主要内容。跳读时，要特别关注每篇文章中的年代，将之标注到目录中，并换算出杜甫当时的年龄。跳读中，还要留意不同篇章不断变更的地名、杜甫不断接触的新的官吏和朋友们……

经过这样跳读和梳理，我们可以把杜甫的人生划分为五个时期（如表4-3）：

表4-3 杜甫人生的五个时期

时期	时间（年龄）	篇章	内容
读书、漫游时期	712—745年（35岁以前）	第1—4章	爱祖国大好河山

（续表）

时期	时间（年龄）	篇章	内容
困守长安时期	746—755 年（35—44 岁）	第 5 章	哀民生之多艰
战乱流亡时期	756—759 年（45—48 岁）	第 6—8 章	感时恨别，忧国思亲
漂泊西南时期	759—768 年（48—57 岁）	第 9—12 章	歌咏山川，记录人民生活
出峡漂泊的晚年	768—770 年（57—59 岁）	第 13 章	不忘国家灾难

如是，我们就提纲挈领地把握了全书主线。而在这些时期中，在具体的年份、具体的地方、具体的事情、具体的诗歌中，我们又可以看到杜甫逐渐超越阶级，成为"以人民为中心"的诗人的过程。

（三）精读：沉浸经典，读出自己的人生

要把《杜甫传》读懂、读深、读透，非精读不可。也只有这样，才能读得有趣，读得快乐。

中小学《语文》教科书总主编温儒敏先生说："中小学生读书得有兴趣，讲究方法，既要精读，也有泛读，得学会'连滚带爬'地读书。"精读《杜甫传》之前要通读全书，从头到尾一页页硬读下去，即沉浸于文本之中，实实在在把全书完整地读下来。没有通读的硬功夫，谈不上更深层次的精读。

譬如，读《长安十年》，我们可知"朝扣富儿门，暮随肥马尘；

残杯与冷炙，到处潜悲辛"是杜甫十年生活的真实写照；看到他一直郁郁不得志，既有三日内声名大噪的荣耀，也有长久无人问津的窘境；更能明白他在诗才的辉煌与现实的贫瘠、尊儒的家风和泥泞的仕途、黑暗的政治和光明的希望中的挣扎……当我们精读长安十年的杜甫看到了君主的昏庸、时代的苦难、人民的辛酸、朝廷穷兵黩武带来的社会灾难后，也就不难理解他为何能超越阶级性，走向人民了。这十年，一个追求名利的文人在长安消瘦憔悴，一位伟大的诗人在长安悄然崛起。

按此路径，我们可以从精读中梳理出杜甫的人生轨迹。

与经典对话，与伟大的诗人对话，找到自己的生长点……我们可以循着杜甫的足迹，从江南、梁宋、长安、凤翔、秦川，到成都、梓州、夔州，最后到潭州、湘江，一路精读。从诗人起伏的人生经历中读出杜甫的伟大，感悟个人与国家兴亡的关联，读出自己的人生。

语文课程标准要求"集中时间和精力，认真读一本书"。高中生每分钟能阅读 500 字左右，《杜甫传》正文 8 万字左右，每天抽半个小时，不到一周就能通读全书。据此，我们可以制订《杜甫传》一周通读规划表（如表 4-4），供同学们参考。

表 4-4 《杜甫传》一周通读规划表

全书结构	阅读内容	阅读时间	日期	只言片语留痕迹
读书、漫游时期	家世与出身	2 天		
	童年			
	吴越与齐赵的漫游			
	与李白的会合			
困守长安时期	长安十年	1 天		
战乱流亡时期	流亡	1 天		
	侍奉皇帝与走向人民			
	陇右的边警与艰险的山川			
漂泊西南时期	成都草堂	2 天		
	再度流亡			
	幕府生活			
	夔府孤城			
出峡漂泊的晚年	悲剧的结局	1 天		

（本文刊发于 2024 年第 10 期《十几岁·高中生阅读与写作》"共读《杜甫传》"专栏）

传统文化：《苏东坡传》整本书阅读选修课程

本部分收录《智者东坡——〈苏东坡传〉整本书阅读校本选修课程纲要》和《"多情至情真东坡"教学设计示例（阅读推进课）》（获评 2020 年度《学语文》优秀论文）两篇文章。

智者东坡
——《苏东坡传》整本书阅读校本选修课程纲要

（一）一般项目

1. 课程名称：智者东坡——《苏东坡传》整本书阅读选修课程

2. 课程团队：基于学习任务群的整本书阅读实践研究（JK19003）课题组

3. 课程类型：校本选修阅读课程（穿插在"学习任务群16　中国现当代作家作品专题研讨"中的整本书阅读）

4. 授课时间：9 课时

5. 授课对象：高二、高三学生选修

（二）课程元素

1. *课程目标*

（1）通读《苏东坡传》，完成 26 万字的阅读量。运用浏览、粗读、猜读、跳读、群读、细读、复述等多种阅读方法，努力一气呵成读下去，培养自主阅读的习惯和能力。

（2）通读全书时勾画圈点，争取读懂；梳理全书大纲小目及其关联，做出全书内容提要，获得具体切实的阅读体验；利用书中的目录、序跋、注释等，学习检索作者信息、作品背景、相关评价等资料，深入研读作家作品。

（3）探索阅读整本书的门径，形成和积累自己阅读整本书的经验，提升阅读鉴赏能力，养成良好的阅读习惯。

（4）进一步探究与整合，推进阅读的纵深发展，实现阅读的博而专、广而精。在"专题精读"中精读不少于3万字。

（5）进入林语堂的文字世界，体会苏东坡乐观、豁达的人生态度，丰富自己的精神世界，逐步形成正确的世界观、人生观和价值观。

2. 课程内容

按"自主通读内容—专题精读内容—课堂精读内容"程序由粗到细，对《苏东坡传》全书内容进行整合。

（1）自主通读

选用林语堂著、张振玉译《苏东坡传》（湖南文艺出版社2016年版）。运用浏览、跳读、猜读、细读等多种方法独立自主阅读全书。勾画圈点，梳理全书大纲小目及其关联，撰写全书（或某章节）内容提要，把握书中重要观点和作者的价值取向。

（2）专题研读

下面研讨专题供参考，可以选择其中一部分完成，也可以自行设计专题。

①把握苏东坡的悲悯情怀。人们想起苏东坡、读到苏东坡时时心生亲切,这除了他诗文书画艺术上的卓绝之美外,更在于他那始终心系百姓、悲天悯人、浩然正气的伟大。在那样一个动荡不安、积弊重重的朝代里,在政敌都虎视眈眈甚至挖空心思迫害的困境下,在其他正直的官员偃旗息鼓的孤军奋战中,苏东坡始终独行其是,为民请命,誓死力争,不计后果,毫无悔意。

②领略苏东坡的人格魅力。苏东坡极富个性,他的人格魅力是如何养成的呢?林语堂在《苏东坡传》中给了我们答案,即孟子所提出的"气"字。苏东坡具有立于天地间的浩然之气。从苏东坡身上的浩然之气溯源,从诗文创作、政治追求及人生抱负三个方面挖掘,品析伟大人物卓越品格的养成,感受伟大人物的人格魅力,以期对我们的人生有所启发。

③赏析苏东坡诗词。每到一个仕途转折的地点,苏轼都要创作相当数量的诗文。他的文笔蕴藉了人生的况味,自我的消解,生命的广博。阅读林语堂先生的《苏东坡传》,了解其诗风和坎坷仕途的相互印证,其乐无穷。

④品味苏东坡的旷达。不管在何种境地,苏东坡总能品出"人生有味是清欢"的愉悦和豁达。苏东坡一生尝遍各地美味佳肴,并以美文佳句歌咏之。研读《苏东坡传》我们会明白,苏东坡留给我们的不仅是一盘盘精美的美食,还是一份饮食文化,更是一个精神世界。

⑤倾听赏析东坡的"乐章"。几千年难得一见的"完人"苏东坡,是不是真如李清照所言"东坡词不谐音律"(《词论》)?我们不需要引经据典来考证苏东坡的音乐成就,只须静静地"倾听"

《苏东坡传》，体会东坡的生命乐章，欣赏林语堂的艺术乐章……这将是一种多么微妙的阅读享受呀——在不拘一格、率性而为的阅读中"养性"。

3. 课程实施

"中国现当代作家作品专题研"任务群共 2 学分，36 课时。课程标准建议设置 3—4 个专题，每个专题 9—12 课时。鉴于林语堂文学语言通俗易懂，该整本书阅读选修课程用 9 课时从 3 个阅读维度实施教学。（如表 4-4）

表 4-4 "智者东坡"——《苏东坡传》整本书阅读课程教学整体设计

阅读维度	内容	课型	课时
全书通读	好一个"快乐"了得	导读课	第一课时
	不求甚解读全书	自主通读课	第二课时
专题精读	边走边读知东坡	阅读活动课	第三课时
	清欢至味品东坡	交流分享课	第四课时
	再听已是曲中人	交流分享课	第五课时
	文采丹心照古今	阅读推进课	第六课时
	多情至情真东坡	阅读推进课	第七课时
	和而不同两兄弟	阅读推进课	第八课时
阅读提升	只因读了苏东坡	展示评价课	第九课时

4. 课程评价

没有评价，就没有课程。《苏东坡传》整本书阅读的每个环节都嵌入评价任务，推动阶段性成果的形成，用过程数据及时、准确地呈现阅读表现，这是"过程性评价"。过程性评价注重学习态度，对文本的阅读和理解，发现问题、思考问题的习惯，解决问题的能力,交流中倾听、包容不同意见,理性思考的态度,等等。(如表4-5)。

表4-5 《苏东坡传》整本书阅读课程"过程性评价"向度表

姓名	出勤 (2分)	阅读理解 (3分)	研讨能力 (3分)	交流分享 (2分)	自我评价 (2分)	总分

整本书阅读评价具有开放性,通过教师、同学、家长等多主体、多形式对学生阅读过程、方法、情感、态度、价值观以及阅读能力等进行多维度评价。"终结性评价"包括阅读成果、学生互评、老师评价以及检测成绩等。(如表4-6)

表4-6 《苏东坡传》整本书阅读课程评价表

姓名:　　　　　　时间:　　　　　　得分:(　　　)

项目	分值	评分标准	自评得分	小组评分	综合分数
通读全书	30分	通读《苏东坡传》全书,完成26万字阅读量,且有读书笔记,或在书中圈点批注,或提出具体问题(不少于3个)等。			
专题阅读	20分	积极参与阅读小组的专题精读。热情高,懂合作,有集体意识,主动承担并完成任务。阅读认真,精读不少于3万字。			
阅读成果	20分	阅读成果不拘形式,只要老师鉴定认可,每项成果5分,满20分为止。			

(续表)

出勤值日	10 分	(1) 出满勤、值日负责，即可满分。		
		(2) 请假两次以上、迟到，每次扣 1 分。		
		(3) 旷课、值日不负责，一次扣 2 分。		
同学评价	10 分	—	背靠背打分，取均分	
老师评价	10 分	—	—	
附加分	20 分	阅读成果获市级二等奖以上（或发表），每项 10 分；获省级一等奖以上（或发表），每项 20 分。团体成果，成员分值折半计算。满 20 分为止。		
备注	(1) 自评得分、小组评分各占 50%，合计为该项"综合得分"。			
	(2) ①90 分以上（包括附加分）为"A"；②80～89 分（包括附加分）为"B"；③60～79 分（包括附加分）为"C"。④59 分以下（包括附加分）为"D"。			
	(3) "C" 等及其以上，均为课程学习合格，赋予相应学分。			

整本书阅读选修课程，学生只要认真参与，保证阅读量，有足够的读书笔记，在书中圈点评注等该项就能合格，这是"定量"评价；"以写代评"，学生写文章能清晰地表达自己的观点，有老师认可的读书成果（读书报告、论文、思维导图等），形式不限，即可获得相应分数，这是"定性"评价。"定性"评价，强调阅读成果提炼和展示，整本书阅读经验与方法的建构及交流，学生世界观、人生观和价值观的提升等。

"多情至情真东坡"教学设计示例
（阅读推进课）

一、专题导读

"想东坡也有'春色三分，二分尘土，一分流水。细看来，不是杨花，点点是离人泪'的情思；有'但愿人长久，千里共婵娟'的情愿；有'念故人老大，风流未减，空回首，烟波里'的情怨……"林清玄是多情至情之东坡的知音。

若论朋友圈之广大，有宋一代非苏东坡莫属，恰如他自道："吾上可陪玉皇大帝，下可陪卑田院乞儿"。与苏辙的手足情，同王弗的生死情，和王朝云的不了情……苏东坡的多情至情更表现在对朋友亦是真挚、坦诚。苏东坡一生，足迹踏遍大半个中国，在官场沉浮中始终践行"济苍生，安社稷"的政治理想，为官一任，造福一方，对家国、百姓怀有无限的深情。

"多情至情真东坡"精读专题，我们用略读、浏览、精读等多种方式，阅读《苏东坡传》中最能体现传主多元情感的章节，探究苏东坡的赤子真情，感悟苏东坡的人格精神所体现的进取、正直、慈悲与旷达，体会中华优秀传统文化的魅力。

同学们，让我们在丰富多彩、合作分享的阅读中"怡情"。

二、专题目标

1. 精读《苏东坡传》中能体现苏东坡丰富情感的章节。交流分享、绘制思维导图、创作对联等，探究苏东坡的多元情感，形成对苏东坡精神的个性化解读。

2. 感悟苏东坡的赤子真情，体会他的真挚、坦率、忠诚、乐观、豁达的人生态度，从而促进学生对中华优秀传统文化的深入学习和思考，丰富自己的精神世界。

3. 利用目录、原序、附录等信息，结合自己的阅读方法，综合运用精读、略读与浏览的方法阅读专题内容，形成传记阅读的基本经验，建构传记阅读的基本路径。

三、课时任务

在课外阅读成果交流分享的基础上，精读《苏东坡传》中体现苏东坡家国情怀的章节（第二十一章、第二十二章），梳理概括苏东坡的家国情怀。

四、课堂流程（如图4-2）

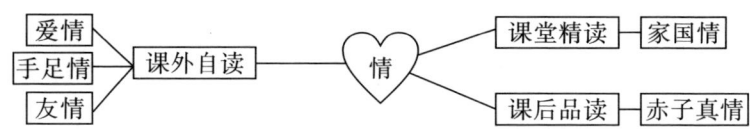

图4-2 "多情至情真东坡"阅读推进课课堂流程

五、教学过程

1. 课外自读成果交流——苏东坡多元情感初展示

（1）明确专题学习任务

引导："多情至情真东坡"专题的主要阅读任务是什么？（包括阅读哪些内容？运用并掌握什么阅读方法？把握传主哪些特点？）

学生回答,并相互补充,在课外阅读的基础上梳理专题阅读任务。

(2)课外阅读成果交流分享

用口头、书面(思维导图、对联等)等多种形式展示课外自读成果,分享专题阅读成果。教师挑选其中的两个阅读成果来点拨(课前检查学生阅读成果时就确定)。

①苏东坡与王弗的爱情。学生用PPT展示阅读成果。老师简单小结,并引导学生交流分享阅读方法。

②苏东坡的友情。教师展示"苏东坡朋友圈"思维导图(如图4-3),请制作者与同学们分享阅读成果和阅读经验。

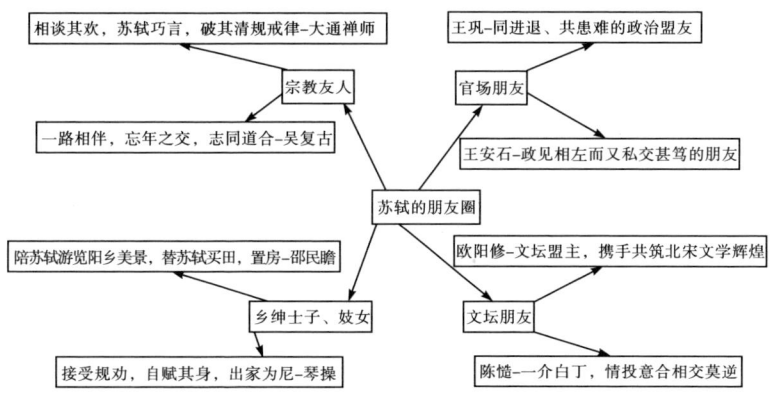

图4-3 "苏东坡朋友圈"思维导图

小结:略读、跳读、浏览、精读、合作交流,从大家的自读成果中可以看到了苏东坡对爱人的多情,对兄弟的深情,对友人的真情,一位多情至情的苏东坡出现在我们眼前。同学们的阅读扎实而有效,很好地完成了本专题的课外阅读任务。

2. 课堂精读探究——苏东坡家国情细梳理

引导：课外阅读期间，不少同学和老师交流，对"百姓的友人兼战士的苏东坡——一个具有伟大人格的伟大人物"不理解。从同学们的阅读成果中，也很少看到这方面的深入理解。下面我们来阅读第二十一章《谦退之道》和第二十二章《工程与赈灾》，分析理解苏东坡的伟大人格。

（1）阅读分工

全班分两大组，分别阅读书的第 255 至 266 页的第二十一章《谦退之道》、第 267 至 279 页的第二十二章《工程与赈灾》。

（2）学生阅读，老师巡视，相机指导

①建议朝廷广开言路，向朝廷之腐败无能进军。（第二十一章《谦退之道》，1086 年至 1089 年，在京师任翰林学士知制诰）

②智救卖扇的欠债青年、帮助赶考的欺诈书生；建立公立医院、救济饥馑、疏浚盐道、整理西湖（第二十二章《工程与赈灾》，1089 年，在杭州任杭州太守）

（3）绘制思维导图

引导：抓住关键词句，连点成线，绘线为图，绘制思维导图。

两位同学到黑板上画，其余同学在纸上画。老师相机指导并用平板拍下成果展示、点评。

小结：苏东坡一生，历经三次潮起潮落，但他依然满怀一颗赤子之心，"保民抗暴"，不忘初衷。遇到危害百姓国家利益之事，他"义愤填膺不能自制""不顾利害"，敢于直言抗争，流露出的是他的真性情。在地方任职时，他执着于"济苍生，安社稷"的儒家政治理想，关心人民疾苦，为官一任，造福一方，为百姓办了一件又一件好事，凭借的依然是他的赤子真心。

苏东坡对家国、百姓怀有无限的深情。一个人对国家和人民的深情大爱，对国家富强、人民幸福的理想追求，对自己国家高度的认同感、归属感、责任感和使命感便是这个人的"家国情怀"，这是一种深层次的文化心理密码。苏东坡的家国情怀很突出，并且一生秉持，至死不悔。

（4）创作楹联

引导：南宋高宗皇帝阅读苏东坡的遗著时说："越读越敬佩他的谋国之忠，越敬佩他的至刚大勇。"（《苏东坡传》第9页）我们也来给苏东坡做个评价吧。

苏东坡是诗人，我们很多同学可能一时难以写出诗歌；苏东坡是散文家，但课堂也不能留给我们创作散文的时间。通过前几个专题的阅读，同学们对创作楹联兴趣盎然，也创作了不少精彩的楹联。现在，我们依然用创作楹联的形式评价这位"多情至情真东坡"。

学生分享楹联，老师简单点评。

3. *课后品读朗诵——苏东坡诗词中的真性情*

岁月流逝，生活变迁，苏东坡对家人、爱人、友人、国家的情感愈久而愈深、愈浓，这便是苏东坡的真性情……

苏东坡是中国士大夫完美个性和人格的化身，是中国文人心仪神往的人格典范。苏东坡高远的精神境界，不仅解放了自己的心灵，更是将所有中国传统知识分子从精神困境中解放了出来。苏东坡的伟大人格在当代依然闪烁着光芒。

《苏东坡传》中林语堂引用了苏东坡的许多诗词，单是第12章

《抗暴诗》薄薄的六页纸中便引用苏东坡诗词片段共计 16 首。有人说:"读一个人,尤其是一个有着大量创作的人,若是不去认真读读他作品里的内涵,便是莫大的资源浪费了。"

课下,请同学们根据《苏东坡传》中引用的诗词片段,搜集苏东坡诗词,挑选一首表现苏东坡真性情的诗词认真品读,下周三课外活动时间,我们来个苏东坡诗歌朗诵会。

(本文刊发于 2020 年第 5 期《学语文》,原题《〈苏东坡传〉整本书阅读整体设计及课时教学设计》;获评 2020 年度《学语文》优秀论文)

多样文化：《堂吉诃德》整本书阅读选修课程

本部分收录《推荐一本书：〈堂吉诃德〉》(《中国教育报》视频号文字稿)、《教材单元：〈堂吉诃德〉整本书阅读——穿插于选择性必修教材上册第三单元》、《异域生活，多样文化——〈堂吉诃德〉整本书阅读整体教学框架》和《作为读者的堂吉诃德》(刊发于《中国教育报》)等四篇文章。

推荐一本书：《堂吉诃德》

4月23日，被确定为世界读书日，是因为这一天是塞万提斯和莎士比亚去世的纪念日。今天我推荐阅读塞万提斯的《堂吉诃德》。

在一些人眼里，堂吉诃德是可笑的疯子。英国诗人蒲柏认为，堂吉诃德是"最讲道德、最有理想的疯子，我们笑他，也敬他，爱他"。阅读这本书，我们会强烈感受到堂吉诃德充满无私无畏的战斗精神。他相信超越自己存在的东西，坚决相信永恒的、普遍的、不变的东西。一心要做英雄的堂吉诃德，动机纯真善良，是为崇高理想而献身的伟大精神的化身，是一个永远前进的形象。

抗日战争期间，堂吉诃德的战斗精神在中国曾备受重视。钱理群曾说，奔赴抗日第一线的热血青年，"把堂吉诃德由幻想而激发起来的不可遏制的热情、不屈不挠的意志、完全忘我的牺牲精神，都发挥到了极致"。

多样文化，异域风情。《堂吉诃德》这本书是伟大的虚构，也是戏谑的真实。它是国际声誉最高、影响最大的西班牙文学巨著，奠定了世界现代小说的基础。富恩特斯说："所有小说都是《堂吉诃德》主题的变奏。"

堂吉诃德活着是个疯子，死后是个智者。屈原是楚国的堂吉诃德，苏格拉底是雅典的堂吉诃德，哥白尼是捍卫日心说的堂吉诃德……其实，我们每个人心里都住着一个堂吉诃德。

北京大学、清华大学等高校 2019 年师生毕业致辞结集出版，书名定为《去做一个堂吉诃德吧》。我要说：去阅读《堂吉诃德》吧，只要愿意，您也可以有一次英雄之旅。

(2024 年 4 月 24 日《中国教育报》视频号《〈中国教育报〉推动读书人物王国文：影响我的一本书——〈堂吉诃德〉》文字稿)

教材单元：《堂吉诃德》整本书阅读
——穿插于选择性必修教材上册第三单元

这是"整本书阅读与研讨"共同学习任务群贯串在选择性必修课程中的学习，是学习任务群"外国作家作品研习"中穿插的整本书阅读。

《堂吉诃德》以堂吉诃德的三次游历展开情节，塑造了堂吉诃德的经典形象，广泛触及了政治、经济、道德、文化和风俗等方面，展现了一幅完整的社会生活画卷，被歌德誉为"一个令人愉快又使人深受教益的宝库"。

研习《堂吉诃德》，要联系相关历史文化背景，体察小说中展现的社会生活和人类心灵，感受人类文化的丰富多彩，培养开放的文化心态。要了解小说多样的风格样式，从主题内容、叙事手法、语言风格等多方面入手，把握作品独特的艺术成就，提升鉴赏小说的能力。

塞万提斯以"把骑士小说的那一套扫除干净"为宗旨，沿用骑士作为主角的写作形式，把骑士制度、骑士精神漫画化，用独特的创作风格，多层次、多角度的叙事方式，跳跃性的结构，诙谐、幽默的语言，完成了《堂吉诃德》这部世界现代小说的奠基之作，也使之成为世界文学史上最优秀的小说之一。

《堂吉诃德》一经流传到中国，其影响就经久不衰，主人公堂吉诃德在中国也得到了独特的、非同凡响的接受。静下心来阅读《堂吉诃德》，你一定会收获属于你的"堂吉诃德"。

（一）阅读指导

长篇小说篇幅长、容量大、人物众多、结构宏伟，适于表现广阔的社会生活和人物的成长经历，还能展现社会历史和民族文化特点。《堂吉诃德》是西方第一部现实主义的长篇小说，在世界文学史上有着崇高的地位和极深远的影响。

怎样阅读《堂吉诃德》这样的鸿篇巨制呢？可以尝试从以下几个方面来把握。

（1）自主通读，梳理情节。同学们已经完成了"整本书阅读与研讨""文学阅读与写作"等学习任务群在必修阶段的学习，积累了整本书阅读的经验和方法，提升了文学欣赏能力。请自主通读全书，以堂吉诃德和桑丘的行踪为主要线索，梳理小说情节。

（2）以写促读，研讨交流。阅读时要随时记录阅读感受，写出内容提要，撰写读书笔记；对感兴趣的话题做深入研讨，撰写评论文章,也可以用自己喜欢的方式与同学交流阅读体会与感悟。

(3) 联系历史文化背景。《堂吉诃德》乍看似乎荒诞不经,却表达了作者对时代的见解。阅读时要联系相关的历史文化背景,对这部表面滑稽的喜剧作品进行深层解读,要领悟塞万提斯有意隐含其中的对西班牙现实深刻的理解,对人文主义精神的追求。

(4) 用辩证的态度理解和分析人物。堂吉诃德是具有多面、复杂性格的圆形人物,他的性格形象有形成和发展的过程,是"逐渐成长"的。研习时要循着人物成长的轨迹,以辩证的态度理解分析人物性格的变化和复杂性。

(5) 对不同民族文学进行比较分析。结合教材中所选的外国作家作品,将不同时期、不同民族、不同类型的作品进行比较赏析,探讨不同民族文学之间的共同话题(母题)和文化差异,尊重文化多样性,提升文化鉴别力。

(二) 研习任务

以下任务供参考,可以选择其中一部分完成,也可以自行设计任务。

任务 1 把握人物的性格特点和典型意义。

小说中的堂吉诃德是世界文学画廊中的著名人物形象,已成为一类人物的象征。堂吉诃德为什么令人如此难忘?请结合小说中的具体描写,分析他的性格特点和典型意义。

任务 2 体会民族文化和社会历史风貌。

《堂吉诃德》表现了文艺复兴时期西班牙的社会历史和民族文化特点。阅读小说,结合具体内容,感受和了解西班牙的民族文化和社会历史风貌,写一则读书札记。

任务3 探究小说的艺术手法。

塞万提斯运用典型化的语言和行动刻画人物形象，用夸张的手法强调人物个性，大胆地把一些对立的艺术表现形式交替使用，以《堂吉诃德》的创作奠定了世界现代小说的基础。研读《堂吉诃德》，探究小说的艺术手法，深化对作品的理解。可从心理描写、环境描写、讽刺夸张、跳跃性的结构方式、多层次的叙事方式、戏拟手法、崇高与滑稽的交织、写实与虚构的结合等角度中选取自己感兴趣的主题，结合具体内容进行独立研习，撰写评论。

任务4 体会《堂吉诃德》的主题。

经典作品总是浓缩着作家对于世界和人类自身的深邃思考，其中会涉及一些普遍的、历久弥新的命题，即母题。富恩特斯说"所有的小说都是《堂吉诃德》主题的变奏"，《堂吉诃德》中触及了一些人生母题，比如理想与现实、思考与行动、理性与激情等。选取一个母题，联读其他可以表现该母题的文学作品，探究《堂吉诃德》的主题，理解其对于展现人类心灵图景的深刻意义。

异域生活，多样文化
——《堂吉诃德》整本书阅读整体教学框架

（一）第1课时　导读：每个人心里都住着一个堂吉诃德

导语：每一个人的心里都有自己的堂吉诃德：希望做一个骑士，用自己的双臂——解决生活和工作中的所有不平；将喜怒哀乐置之度外，不考虑生活如何，义无反顾去追求自己的梦想；认清真相后依然选择热爱，不管多少次被打脸，依然相信那些看见的和看不见的……

阅读任务：阅读"译者序"（杨绛）、"精印本《堂吉诃德》引言"（海涅）、《致贝哈尔公爵》、《引言》、《献辞》、《前言致读者》等；概要介绍《堂吉诃德》相关情况，包括作者、成书、评价、影响等。让学生全面了解这本书，进而愿意读这本书、喜欢读这本书，激发阅读期待。

(二) 第2课时　通读全书：只要愿意，你也可以有一次英雄之旅

导语："堂吉诃德的立志打抱不平，是不能说他错误的；不自量力，也并非错误。错误在于他的打法。"（鲁迅）堂吉诃德生活在自己构建的虚幻世界里，是一种悲剧，也是一次英雄之旅。

阅读任务：梳理全书情节和结构，完成全书情节结构、人物关系的思维导图样例，制订阅读计划。在部分重点篇章的阅读中指导阅读方法，帮助学生"会读"《堂吉诃德》。

(三) 第3课时　理解小说内容：作为读者的堂吉诃德

导语："他其实是个老实的书呆子。"（鲁迅）堂吉诃德是骑士小说忠实而狂热的读者，是一位热爱阅读的"优秀"读者，但正是堂吉诃德的"阅读"，风靡一时的骑士小说销声匿迹了。

阅读任务：本章赏析堂吉诃德的阅读及其效果，并"牵一发而动全身"，从阅读的角度梳理并理解小说的主要内容，把握小说情节发展，把握《堂吉诃德》全书内容。

(四) 第4课时　赏析人物形象：活着是个疯子，死了是个智者

导语：堂吉诃德"要遍游世界去锄强扶弱，维护正义和公道，实行他所崇信的骑士道。他单枪匹马，带了侍从桑丘，出门冒险，但受尽挫折，一事无成，回乡郁郁而终"。（杨绛）当你看到他伤痕累累，依然执着于理想时，你是否有所触动？当你坚持理想被所有人嘲笑时，你选择坚持还是放弃？让我们一起走近堂吉诃德。

阅读任务：在通读全书的基础上，手绘堂吉诃德人物图像，交流"我眼中的堂吉诃德"；梳理堂吉诃德"疯狂大事记"，认识堂吉诃德形象荒唐可笑、耽于幻想的疯子一面；深入文本，借助典型情节、重要场景、人物语言等，探究堂吉诃德"疯狂"行为背后的"疯狂"精神，分析堂吉诃德忠于理想、勇往直前的一面。引导学生从情节中了解人物行为，再深入到人物内心世界，探究特定时代里、中外先贤眼中、堂吉诃德眼中、作者眼中的堂吉诃德形象，层层深入挖掘人物精神，理解堂吉诃德精神的现代意义。

(五) 第5课时　体会小说主题：都是《堂吉诃德》的变奏

导语："所有的小说都是《堂吉诃德》主题的变奏。"（富恩特斯）经典作品总是浓缩着作家对于世界和人类自身的深邃思考，其中就不乏一些普遍的、历久弥新的命题，即母题。《堂吉诃德》就触及了理想与现实、思考与行动、理性与激情等许多人生母题。

阅读任务：本章辨析针对《堂吉诃德》主题的多元解读，探究《堂吉诃德》的主题，体会其丰富性；并尝试选取一个人生母题，联读其他可以表现该母题的文学作品，理解其对于展现人类心灵图

景的深刻意义。

（六）第6课时　品味语言风格：劳动人民的天赋，口耳相传的智慧

导语：西班牙谚语词典中收录的谚语共有1964条，而在《堂吉诃德》一书中就使用了198条。这些谚语与汉语谚语有很多共同之处，比较两个国家、两个民族的谚语，会给我们带来丰富的文学审美体验。让我们一同走进书中的谚语世界，探寻语言之美。

阅读任务：谚语的使用对这部书起着重要的作用，作者在谚语使用上精妙的构思，使得人物形象更加诙谐、生动。（1）谚语的内涵和作用：给谚语下定义，明确谚语在语言使用中所起到的作用。（2）梳理小说中的谚语，分析人物使用场景及谚语内涵和在小说中发挥的作用：梳理全部198条谚语，结合小说情节，逐一分析谚语的内涵和对小说的作用。（3）小说中谚语所反映的西班牙广阔的社会生活，学习西班牙劳动人民的生活智慧：对小说中的谚语进行分类，分析共性，探索谚语这种文化现象背后所反映的社会面貌。（4）比较中西谚语的异同，感受不同民族文化的异同，寻找人类文化中的共通之处：找出小说中与中国谚语含义相似的谚语，探寻不同民族在语言创造、文化心理上的相通处。

（七）第7课时　鉴赏小说艺术手法：伟大的虚构，戏谑的真实

导语：余华的《十八岁出门远行》写的是一个孩子成长经历，塞万提斯的《堂吉诃德》写的是堂吉诃德的成长经历。但余华的小说就是余华的，《堂吉诃德》只属于塞万提斯，为什么？这跟他们叙述的特征有关系。叙述是小说非常重要的一个元素，每一个作家创作风格的奥秘其实是藏在叙述中。

阅读任务：（1）叙述者的变化。小说里多次出现叙述者的变化，这是塞万提斯在不断地转换视角。视角多，视角转换，意味着对这个世界的理解和认知是多面性的，单一视角带来的只有单一的看法。（2）融入课程思政元素。在《堂吉诃德》叙述视角中适当融入课程思政的元素，把《堂吉诃德》里的视角转换运用到让学生去认知这个世界，认识他人，去体会多视角带来的多理解性，去全面地理解他人的意识，而不是仅仅生活在自己的那个单一的视角中。（3）植入写作环节。如引导学生模仿塞万提斯的写法，写一段文字；模仿堂吉诃德的视角，写一段认知；或者是模仿桑丘·潘沙……

（八）第 8 课时　尊重文化的多样性：异彩别殊途，万里共光辉

导语：在漫长的历史长河中，有这样一群人，他们或浪迹天涯、行侠仗义，或风花雪月、忠心卫国，这就是中国的武侠与西方的骑士。在他们的身上，既有东方文化的洒脱豪放、说走就走的奔放武侠气质，也有西方骑士的温柔浪漫和赤胆忠心。他们所体现的中国武侠文化和西方骑士文化，是东西方文化的一个缩影。

阅读任务：本章引导学生从"行侠仗义使骑士精神与侠义精神殊途同归""文化理念的差异使骑士精神与侠义精神迥异"两个角度，比较《堂吉诃德》中骑士精神与中国武侠文化中侠义精神之异同，尝试探讨不同民族文学之间的共同话题和文化差异，从而更为深刻地体味中西文化精髓的潜在内涵，尊重文化多样性，提高文化鉴别力。

(九) 第 9 课时　阅读与写作：记不住的堂吉诃德的结局

导语："无论我们把这本书读上多少遍，我还是记不住结局"——以色列盖谢尔剧院《我是堂吉诃德》。

阅读任务：赏析《堂吉诃德》结局，改写堂吉诃德结局。本章侧重《堂吉诃德》阅读与高考作文的衔接，指导撰写读书笔记等，实现读写一体。

作为读者的堂吉诃德

2022 年春节，我读的是塞万提斯的《堂吉诃德》，选择《教育部基础教育课程教材发展中心中小学生阅读指导目录（2021 年版）》确定的杨绛译本。当老师时间久了，不知不觉就迂腐起来了，读书也会想着：学生会怎么读？学生该怎么读？读《堂吉诃德》，很大程度是因为新一轮课程改革从顶层设计到一线教学都对这本书颇为关注，何况它本身就是一本关于阅读的小说呢。

堂吉诃德是骑士小说忠实而狂热的读者，他不仅"变卖了好几亩田去买书，把能弄到手的骑士小说全搬回家"，"每夜从黄昏读到黎明，每天从黎明读到黄昏"，甚至"屡次手痒痒地要动笔，真去把故事补完"，而且他还把文本阅读延伸到游侠经历，恰如卡洛斯·富恩特斯所言，堂吉诃德"出门游侠是受到阅读的驱使"。（《卡·富恩特斯谈塞万提斯传统》）——不能不承认堂吉诃德是一位优秀的读者。

从读者的角度看，堂吉诃德追求相似性。在他的眼里，所有骑士小说大同小异，堂吉诃德让它们互相拼贴，互相借鉴，互相印证，从而形成一个完整的自足世界。这些骑士上天入地无所不至，惩奸除恶无所不能，堂吉诃德从魔幻色彩的骑士小说中硬是读出了值得效法的活生生的英雄和模范。汉斯·罗伯特·耀斯说："堂吉诃德原本是一个最优秀的读者。这位读者再也不满足于他接受的角色。他踏上征途，要把他从书本上读到的东西变成行动的准则。他冷静地向没有阅读的人们展示了阅读的如痴如醉的快感。"——游侠经历是堂吉诃德放大的、立体式的阅读，是他模仿骑士小说的具体化过程。

就这样，堂吉诃德开始寻找骑士小说和现实世界的相似性来证明自己的阅读。于是客栈变成了城堡、风车变成了巨人、脸盆变成了头盔……风车将他"连人带马直扫出去"后，堂吉诃德请来骑士小说中的魔法师："看来是把我的书连带书房一起抢走的弗瑞斯冬法师对我冤仇很深，一定是他把巨人变成风车，来剥夺我胜利的光荣。"堂吉诃德的眼里，游历的所见所闻都是有待唤醒的骑士小说符号，并且与骑士小说形成了互相印证、互相阐释的关系。

单一的阅读方式和追求相似性的原则，让堂吉诃德成了纯粹的理想主义者。他要像骑士一样除暴安良，维护公平正义，宁愿牺牲自己，也一心要实现一个现实世界不能允许实现的理想，既疯癫又固执，"天叫我生在这个铁的时代，是要我恢复金子的时代，一般人所谓黄金时代"。福柯在《词与物》中说，堂吉诃德"必须不断服从这个职责，以便知道做些什么或说些什么，以及他应该把什么样的符号赋予他自己和其他人，以表明他的确与他所处的文本具有相同的本质"。

杨绛认为，堂吉诃德的多重性格来源于读者的创造。把《堂吉诃德》读成逗人发笑的滑稽故事，小贩叫卖的通俗读物，说堂吉诃德疯癫可笑，是有理有据的。阅读前六章，读完堂吉诃德第一次出游，我都轻松愉悦，沉浸于小说的"奇情异想"，享受着堂吉诃德的滑稽荒唐。但也不由得紧张起来：我的阅读怎么啦？堂吉诃德的性格不是作者创造的而是读者给予的呀？于是我停了下来，认真研读书前的《译者序》《精印本〈堂吉诃德〉引言》和《前言》，然后郑重地从第一页重新读起。

拜伦说："堂吉诃德一心追求正义，他的美德使他成了疯子，落得狼狈不堪。"笨拙的阅读，使堂吉诃德成为理想主义者，他有不可动摇的信仰，坚决相信超越了自身存在的东西，行动果决，永远向前；堂吉诃德以个人英雄梦破灭为代价，为世风日下的社会传承高尚的精神。机巧的应试阅读、应景阅读，成就了众多精致的利己主义者，明明自己对现实妥协，却理直气壮地对理想主义者指指点点。不同年龄、不同文化、不同时代的人都会读出自己的"堂吉诃德"，是不是我们只需要一个没有堂吉诃德的世界，只需要现实和苟且？有本书精选 2019 年北京大学、清华大学等大学的校长、院长、教授、学生等的毕业典礼致辞，书名意味深长——《去做一个堂吉诃德吧》。

《堂吉诃德》是成就非凡的文学巨制。我的阅读感受是人物胜过故事，而在全书 700 多个人物中我的眼里只有他——堂吉诃德。我们不能只识时务，以堂吉诃德式精神战斗的人们也许可笑，但他们一直在前进。

4 月 23 日，因为是塞万提斯和莎士比亚的忌日，联合国教科文组织于 1995 年将这一天确定为"世界读书日"；海涅说他每隔 5 年读一遍《堂吉诃德》；我读《堂吉诃德》，今年春节也是开始。

(本文刊发于 2022 年 5 月 11 日《中国教育报》"名师在读"专栏)

革命文化:《长征》整本书阅读与超越

本部分收录《红色经典阅读与超越——从王树增〈长征〉说起》(刊发于《中学语文教学参考》)和《整本书阅读:与红色经典同行——合肥十中第16届读书节活动方案》两篇文章。

红色经典阅读与超越
——从王树增《长征》说起

(一)历史意识的启迪:《长征》是细致入微的长征工笔画

红一军团第二师五团二营,奉命抢占右纵队的渡河地点:猿猴场渡口。营长刘新金准备挑选三十名水性好的战士组成突击队,在一个机枪小组的掩护下泅水过去打开突破口。第一个报名参加突击队的是共产党员温长。突击队组成后,在机枪排排长陈国辉的率领下出发了……

《长征》的视角倾向于平民,呈现了许多以前被忽视的人物和细节,对名不见经传的普通红军战士和默默无闻的普通军官不惜笔墨进行生动的记述,具体而真实地将长征历史还原给了今天的读者。

很多著作都习惯于从党史军史层面描述长征,关注重要人物重大事件的长征大轮廓,给读者更多的是概念化长征。《长征》以22

岁的红军营长周仁杰拉开了长征的序幕,用炊事员朱家胜挑着担子跟着部队往陕北走收束了全书对长征的叙写,在感人的小事和丰富的细节中窥见当时历史的波澜壮阔。这就是这部非虚构文学的历史观:长征是群体的英雄行为,每个战士都是历史的主角。

为了相对客观地还原长征的原貌,王树增不允许《长征》有任何虚构,细节不能虚构,对话不能虚构,心理描写更不能虚构。为此,他花费6年时间翻阅数千万字的资料,采访了上百位亲历长征的老红军,数度行走长征路,不辞辛苦收集整理红军官兵的史料。一张布告、一条标语、一封电报、行军途中的村庄、战斗的每一环节……在《长征》中都真实呈现。书中的人物哪怕只出现了一瞬间,也有据可查;一场规模很小的战斗,连敌军的指挥官也不遗漏。

多层次、多视角审视历史,突出真正震撼人心的长征历史的深处和细部。如此透彻了解整个事情的来龙去脉,有助于读者较为深刻地看待许多纠结在一起的历史问题。如果无法找到历史依据,《长征》就客观罗列史料的来龙去脉,结论由读者自己得出。

这样既不影响历史资料的翔实准确,又不削弱作者见解的独到深刻。历史生活本身的奇妙生动,留给读者自己思考判断的空间,带来的也是一种阅读愉悦。

《长征》从微观到宏观全景式回顾长征,真实客观地再现长征当中诸多历史事件,披露读者从未领略的许多历史事实和资料,突出构成历史内容本质的令人惊心动魄的细节、鲜活的人物和危机,最大程度客观地还原了历史生活本身,不仅是立体全景式的长征交响史诗,也是一幅细致入微的长征工笔画。

阅读《长征》,全面真实地了解长征过程的同时,很容易悟出其中超出历史本身的意义,对学生早期历史观念的形成、民族历史意识的强化,都能产生积极正面的影响。

(二)国民精神的铸造:《长征》是渴求光明的民族文化心灵史

《长征》用中国人从未有过的认知来评述长征,第一次把长征作为人类精神事件来书写,因为长征历史及其精神已融入中华民族的精神谱系,形成了中华文化的底色。

所有动物中只有"人"是在活着的时候就知道死的不可逃避性,明白自己必死的"人"何以能够如此坚定执着地活着,哪怕吃尽苦头、受尽屈辱?因为"人"生活在一种文化之中,从而明白"人生的意义"。

"一个名叫匡书华的少年是河南光山县匡家湾人,他家被国民党军烧光了。于是他带领六七个和他年龄相仿的少年当了红军。一开始因为他个子太矮没有被批准入伍……匡书华加入红军的愿望终于实现了。"

"子弹没有了,就和敌人抱在一起用拳头打、用牙齿咬。易政委负伤倒在了血泊里。敌人端着刺刀冲过来时,他命令自己的警卫员向他开枪……警卫员哭了,不忍心这么做,易荡平一把夺过警卫员的手里枪,同时高喊道:'赶快突围!'然后他朝着自己的头部扣动了扳机……"

长征中,无数红军将士衣衫褴褛、饥肠辘辘、形同乞丐,前面的倒下了后面的继续前进……为了摆脱受欺压的生活过上好日子,为了掌握自己的命运,为了世间没有剥削和压迫,匡书华和易荡平这样的劳苦大众不畏艰险、不怕牺牲,依靠钢铁般坚不可摧的意志和坚如磐石的革命信念，最终突破重围。读懂了长征，就懂得了生命为什么历经苦难与艰险依然能够拥有快乐和自信，就懂得了人类精神中的不屈与顽强是何等的伟大。《长征》字里行间充盈着旺盛的精神气脉与生命激情，深层发掘出长征所形成的信仰与精神力量。

长征是中华民族崛起的起点，传达出的不仅是不怕牺牲、众志成城、坚韧不拔的长征精神，更是2000多年来中华民族世世代代对追求美好生活的永不磨灭的信念。中华民族经历的苦难和艰辛、失望和希望都是宝贵的精神财富，这些精神使我们这个民族最具生命韧性和生命活力。珍惜民族宝贵的精神资源，不断汲取民族的精神力量，是一个民族不断发展与进步的源泉。《长征》从人性角度解读长征，偏重人文色彩，"凸显人的精神和民族的精神状态"，能够更好地帮助读者认知本民族的文化经历和民族心理。

从这个意义上说，读《长征》就是在读民族心灵史。从民族文化角度解读长征更能发现感动，这种感动能促使学生思考民族的前途、国家的命运，是铸造学生的国民精神的精神养料。

（三）非虚构文学的震撼：《长征》是激越雄壮的铁血雄文

"湖南南部盛产蜜橘，此时正是橘子红了的季节。在道县，几乎所有的红军官兵都尽情品尝了这块土地上出产的蜜橘。蜜橘甘甜的汁液令疲惫万分的红军官兵的心情如同连日阴雨之后突然放晴的天空一样，温暖而明亮起来。"

读过《长征》的人都很难否认它的文学性及其带来的可读性。《长征》细节精彩纷呈，故事跌宕起伏，语言鲜活生动，笔触酣畅淋漓……引人入胜，读之欲罢不能。我们学校张晓玲老师给小学一年级的儿子读《长征》:"身边的乡亲对周仁杰说,当年留在这里的红军伤员大部分被搜山的敌人发现后就地杀害了,少数还能动的自己爬到悬崖边滚了下去。"听到这里,孩子忍不住号啕大哭……

虚构类的小说是文学,非虚构也是文学,社会需要虚构文学,更需要非虚构文学。2010年第2期《人民文学》推出了"非虚构"新栏目,随后《钟山》《小说界》《当代》等刊物陆续开辟了"非虚构"栏目……非虚构文学重视展现"吾土吾民"的生活世界,不仅有史学价值和文学意义,而且有社会学作用。2015年的诺贝尔文学奖授予非虚构文学作家、白俄罗斯女记者阿列克谢耶维奇,人们普遍认为这是非虚构文学的胜利。

"这是红二、红六军团烧毁永顺县城边那座漂亮的花桥的时候,是在安徽与江西交界处的红十军团准备放弃闽浙赣苏区突围的时候,是中央红军已经移动到湖南西南部那条叫潇水的大河东岸的时候——一九三四年十一月十六日,红二十五军,这支在鄂豫皖洒下了无数红军官兵鲜血的部队,离开了他们亲手创建的红色革命根据地,开始了长征。"

《长征》把红军的多支部队以同一时空齐头并进,以时间的跨度和地域的推进为基本构架,规模宏大,人物稠密,气势恢宏,线索繁复,给读者提供史诗般的阅读感受,其感情炽热、深沉、豪迈更是给人文学的震撼。

对毛泽东、周恩来等红军领袖和高级将领浓墨重彩,对普通红军战士和基层军官倾情书写,对蒋介石、陈济棠等反面人物也刻画得血肉饱满而不是简单的脸谱化处理,用大写意给许多牺牲的红军将士树起了巍巍丰碑。跌宕起伏的故事、真实丰满的细节、瞬息万变的心理活动、细腻丰富的人物情感、酣畅淋漓的笔触……这一部有无尽韵味的"铁血雄文"具有极强的文学性，取得了令人震撼的艺术效果，让人读之异常心酸滞涩、感动振奋。

非虚构类作品不依附于任何写作以外（包括政治）的因素，是作者从个人视角进行的完全独立创造，完全不同属于先进性写作的报告文学（其呈现意识形态信仰和榜样的力量）。"非虚构"的红色经典具有丰富的阅读意蕴，超越意识形态的阅读顺理成章、水到渠成。

（本文刊发于 2017 年第 5 期《中学语文教学参考》）

整本书同读：与红色经典同行
——合肥十中第 16 届读书节活动方案

为全面提高学生综合素养，推进阅读工作，构建"人文十中，书香校园"，打造内涵丰富、特色鲜明的校园文化，合肥十中开展"'整本书同读——与红色经典同行'读书节"活动。

经典涵养性情，启发人性，滋养才情；长征检验真理，坚定信念，树起丰碑。在长征胜利 80 周年的今天，同读"红色经典"，重温长征那非凡的智慧和大无畏的英雄气概，对学生的成长意义非凡。本届读书节借红色经典促进学生精神成长，用"与红色经典同行"活动推动学校阅读进程。

（一）活动时间

2016 年 11 月 12 日—12 月 31 日

(二) 活动内容

1. 推进全校阅读工作

第16届读书节是我校阅读工作的新起点,是全方位推进我们阅读工作的契机。读书节期间,老师们研制适合我校学情的"整本书同读"书目(包括"私人书单"),探索"整本书同读"课例,命制《长征》文本片段的文学作品阅读试题(语文试卷),与学生一起开展丰富多彩的阅读活动……

2. "红色经典"整本书同读

确定6本关于长征的经典著作书目,级部、班级、老师、学生或家长自主选定书目,开展级部同读、班级同读活动:学生同读,师生同读,亲子同读。同时辅以读书沙龙(包括聊书会)、朗诵会、阅读论坛、征文比赛、戏剧表演、闭幕式汇报演出等丰富的活动。

(1)《长征》,王树增,人民文学出版社;

(2)《长征——中国纪行》,〔法〕西蒙娜·德·波伏瓦,作家出版社;

(3)《西行漫记》,〔美〕埃德加·斯诺,解放军文艺出版社;

(4)《毛泽东诗词欣赏》,周振甫,中华书局;

(5)《长征——前所未闻的故事》,〔美〕哈里森·索尔兹伯里,解放军出版社;

(6)《长征记》,曲爱国、张从田,华夏出版社。

(三) 活动安排

1. 准备、启动阶段(11月12日至21日)

(1)准备

①制订读书节活动方案和活动安排表,印制读书节宣传手册;

②设计读书节徽标，布置展板和横幅，准备电子屏内容等；

③书籍的准备，读书沙龙和聊书会场所的布置。

④读书节动员：老师、学生、家长等全方位动员。

（2）启动

①11月21日升旗仪式，读书节启动仪式。

②11月21日班会，各班级读书节活动启动。

2. 活动实施阶段（11月22日—12月24日）

（1）每周一节"语文课进阅览室"，学生与语文老师同读；周日第二节晚自习（21:00—21:45），学生与班主任同读；周末，学生和家长同读。

（2）早读、语文课课前三分钟《长征》诵读。

（3）周三下午课外活动、周日下午学生返校，组织学生聊书会；周日下午班主任例会，开展教师聊书会；12月11、12月25日家长读书沙龙。

（4）11月28日—12月4日《长征》专家讲座、老师讲座、学生汇报等。

（5）《长征》阅读主题班会，主题黑板报评选。

（6）研制适合我校学生的"整本书同读"书目（包括"私人书单"的策略），探索"整本书同读"课例，命制《长征》片段的文学作品阅读试题（语文试卷）。

3. 总结展评阶段（12月25日—12月31日）

（1）阅读活动展示：朗诵比赛，辩论赛，戏剧表演，《长征》读书征文比赛等。

（2）读书节表彰、闭幕式汇报演出（与元旦文艺汇演合二为一）。

（3）读书节成果汇编成册。（如表4-7）

表 4-7　合肥十中第 16 届读书节安排表

项目	时间	地点	活动内容	组织落实	负责人
准备和启动	11月12—20日		制定读书节方案、活动安排表，印制读书节宣传手册	政教处、教科室、阅读工作室	王国文、赵勇、伍旭清
			准备读书节徽标、展板、横幅、电子屏内容等	教科室、阅读工作室	王国文、伍旭清、储军
			准备同读书籍，布置读书沙龙（包括聊书会）	政教处、总务处、图书馆	赵勇、储军、刘肖徽
	读书节筹备会（11月15日）、教师动员会（11月16日）、家长动员会（11月20日）			校长室	王锋、姜际龙、赵勇
	11月21日	操场	读书节启动仪式	政教处、阅读工作室	赵勇、周炫
		班级教室	班级读书节活动布置	高一高二年级部	汪逢春、张黎明
同读	语文课进阅览室	图书馆	语文老师和学生同读	阅读工作室	陈超男、何宏林
	周日第二节晚自习（21:00—21:45）	班主任和学生同读	班级教室	高一年级部	汪逢春、谷仕传、石岚
				高二年级部	张黎明、孙茂东、张晓静
	周末	学生家庭	家长和学生同读	政教处、阅读工作室	王国文、赵勇

(续表)

诵读	每周一个早自习	班级教室	《长征》诵读	年级部	汪逢春、张黎明
	语文课课前三分钟	班级教室	每节课一个学生朗诵表演	阅读工作室	陈超男、何宏林
读书交流	周三下午课外活动和周日下午学生返校，组织8个时间段开展聊书会，学生自愿参与，负责老师是：(1) 石岚、何宏林（11月27日）；(2) 张晓玲、朱珮珮（11月30日）；(3) 陈超男、刘峤峤（12月4日）；(4) 李玲、严旭（12月7日）；(5) 段吕萍、刘畅（12月11日）；(6) 沈慧、邬惠芳（12月14日）；(7) 黄善文、鲁冰花（12月18日）；(8) 王姗、丁聪（12月21日）。				王国文、伍旭清
	每个周日下午班主任例会	级部会议室	《长征》聊书会（教师）	高一高二年级部	汪逢春、张黎明
	12月11日、25日	图书馆二楼	《长征》阅读沙龙（家长）	政教处、阅读工作室	王国文、赵勇
	12月19日班会	级部会议室	《长征》阅读沙龙（教师）	校长室、年级部	姜际龙、王锋、汪逢春、张黎明
	12月21日课外活动	书华楼、诗华楼合班教室	《长征》阅读论坛（专家、教师、家长、学生）	政教处、教科室、阅读工作室	王国文、赵勇、伍旭清

（续表）

阅读研究	11月22日下午教研活动	讨论、安排读书节微信公众号和"阅读工作室"网页等宣传展示工作。	阅读工作室	王国文、陈超男、何宏林、周雅庆
		读书节期间的备课组活动（周二下午）重点工作是：研制适合我校学生的"整本书同读"书目（包括"私人书单"的策略），探索"整本书同读"课例，命制《长征》片段的文学作品阅读试题（语文试卷）。		王国文、陈超男、何宏林
阅读活动	11月25日	班级教室	《长征》阅读黑板报评比	政教处	赵勇、王姗、朱珮珮
	12月5日	班级教室	《长征》阅读主题班会	政教处、高一高二级部、教科室	赵勇、汪逢春、张黎明、伍旭清
	12月25日—31日		阅读活动展示：朗诵比赛（周炫、鲁冰花），辩论赛（阚渝佳、刘畅），戏剧表演（刘峤峤），《长征》读书征文比赛（陈超男、何宏林）等。		王国文、伍旭清
汇报和表彰	12月下旬		汇报演出、闭幕式	校长室、年级部	赵勇、汪逢春、张黎明等
	2017年1月10日前		读书节成果汇编成册	政教处、教科室、阅读工作室	王国文、赵勇、伍旭清

开发多学科融合阅读活动课程的创新实践

2016年，中国学生发展核心素养报告公布，报告指出核心素养是以"全面发展的人"为核心，分为三个方面、六大素养、十八个要点；而"全面发展的人"需要综合运用所学知识解决复杂情境下的问题。2017年，高中各学科课程标准颁布，每个学科的课程标准中都多次提及本学科知识应适当融合跨学科知识。2019年秋季学期起，全国各省市分步实施新课程并使用新教材，新教材中出现了更多现实的情境、体现了更多学科融合问题。2023年，教育部印发《基础教育课程教学改革深化行动方案》，提出遴选一批基础教育改革实验校聚焦核心素养导向的学科实践、跨学科主题学习等教学改革重难点问题。

自上而下的倡导，凸显了国家在培养全面发展的人、提升学生核心素养上的决心；开发多学科融合阅读活动课程，则是一种自下而上的创新实践。

素养导向下，教育要落实立德树人根本任务、培养全面发展的人，需要培育学生的自主学习能力，完成从知识到能力、从能力到素养的进阶。而阅读，尤其是多学科阅读，作为获取信息最快捷的方式之一，能够打破学科壁垒，通过整合多学科知识，有效推动学生转变学习方式和思维方式，提高解决问题的能力，引导学生学会学习，让阅读的效用超越阅读的本身。

相较于小学和初中，高中阶段面临着更大的升学压力、更繁重的教学任务、更紧张的教学时间，校本课程要持续推进，就不能站在教育教学的对立面，而要与教育教学同向同行，形成教育合力，实现同频共振；否则，课程的实施必将举步维艰。"多学科融合阅读活动课程"对书籍的选择和活动的开展非常慎重，既关注不同书目的难点，也考虑书籍与教材及高考的关联性，避免脱离教学实际；基于学生兴趣和需求的不同，倡导多学科阅读，为学生提供多样的选择；注重学生的个体差异和实践体验，鼓励学生结合自己的生活和学习实际理解阅读内容、选择阅读成果的展现形式。

一、多学科阅读的推进

语文学科一直是阅读推广的主要阵地，语文教师在阅读活动的策划、组织、实施、评价方面有着丰富的经验。多学科融合阅读活动课程并不是"抛弃"语文、英语等阅读传统学科而另起炉灶，而是以语文学科组为基地，生发出内涵更饱满的阅读课程。在多阅读融合阅读活动课程中，语文学科经验得到推广，与其他学科教师产生观点的碰撞融合，在交流与讨论中推动阅读教育更上一层楼。

那么如何进一步推进多学科阅读，并进行学科融合呢？2022年9月，合肥十中成立了12个校级名师工作室和3个名班主任工作室，这成为多学科融合阅读活动课程开发和实施的有生力量。2022年以读书节形式开展的多学科融合阅读活动课程中，有13个名师工作室加入，涉及语文、数学、英语、化学、政治、历史、地理、技术、体育等学科，极大地拓宽了学科阅读的领域，促进了学科融合。

多学科融合阅读课程另一个实施平台是学生阅读社团。一个人独自用心阅读是需要的，许多人聚集起来快乐地共读更是社会趋势。阅读活动是丰富阅读方式、提高阅读兴趣、培养阅读习惯的阅读育人途径之一。我们给学生社团注入阅读元素，组建阅读社团，开展丰富的阅读活动。长路文学社、FIND戏剧社、红学社、辩论社、朗诵社等社团，搭建起更立体的阅读平台。在多学科融合阅读活动课程的实施过程中，学生的阅读智慧和积极主动性能够表现得淋漓尽致。

二、多学科阅读的融合

不同于教材中被抽象出来的分学科、分章节知识，整本书涉及的内容往往综合性更强，学生阅读并理解书籍内容的过程通常就是学科融合的过程。多学科融合阅读活动课程以阅读为抓手，课程的实施依托不同学科名师工作室，但又不狭隘地局限于学科内部。在学生进行阅读以及展示阅读成果的过程中，鼓励学生积极调动多学科知识理解阅读内容，促进各学科间的深度融合。

以数学阅读《数学与人类文明》为例。这本书以时间和地域为界，前四章中追溯了古埃及、古巴比伦、古希腊、中世纪的中国、古印度和波斯等文明与数学的渊源，学生在阅读中不仅了解到数学知识的发展历程、总结发展规律，也会拓宽认识世界古代文明的视角，既涵育了时空观念、家国情怀等历史学科核心素养，这就有效地提升了数学建模、逻辑推理等数学学科核心素养，从素养层面实现了跨学科的知识与思维方式的融合。本书的第三章"中世纪的中国"里，作者梳理了从先秦时代到明清时期、从刘辉到祖氏父子、从《周髀算经》到《九章算术》三千多年来我国数学方面的建树，其中大多成就源于并服务于生产生活实践。学生在阅读中认识到我国古代数学发展的顶峰在宋元时期，还结合历史背景认识到经济发展与科学技术的辩证关系，应用了辩证唯物主义和历史唯物主义的分析方法。

有些学生在阅读中对一行和尚的身份感兴趣，在课后通过拓展阅读对他进行了深入研究，了解到一行和尚在公元724年创制了测量纬度的工具"复矩"，并用高中地理必修一中"北半球看北极星的仰角就是纬度"的知识进行了详细解释。

只要阅读，就会融合，学生在思考并分析问题的过程中调动了各学科的知识，所以阅读本身就是融合。为了更突出地体现阅读融合，我们在课程实施中进行了有益的探索。例如，历史学科推荐阅读《大地中国》。这是北京大学教授韩茂莉所写的历史地理通识性著作，作者站在时空观念的角度审视中国历史。全书以时间为线，论述自然资源、气候、地形等地理环境对历史进程的影响，其中既涵盖了历史与地理学科的交叉点，又形成了一些与原有印象不符的认知冲突。该书新石器时代的内容一方面契合了高中历史中的文明起源问题；另一方面，可引导学生全面、动态地认识地理因素的影响，提升综合思维。读书节活动中，基于此的融合阅读成果活动是让学生根据自己的兴趣选择某一历史时期或历史主题绘制历史地图。于是历史和地理不同学科学习内容阅读中进行了完美融合，学生的空间观念也建构起来了。

三、多学科融合阅读的案例：合肥十中第 22 届读书节暨多学科融合阅读活动课程实施方案

文明，折射着国家发展的境界，反映了社会进步的状态。社会主义核心价值观倡导物质文明、政治文明、精神文明、生态文明、制度文明的有机统一，反映民族的科学的大众的社会主义文化。日沐书香心致远，腹有诗书气自华。为践行新时代新阅读，发挥阅读育人功能，引领学生深入理解社会主义核心价值观，建设书香校园、文明校园，落实"十全十美"办学目标，培养新时代接班人，经研究决定，特开设以"阅读文明，涵泳秉性，践行价值"为主题的读书节活动课程。

（一）课程目标

（1）促进学生阅读能力与核心素养的提升，引领学生全面而有个性地发展，推进"三新"课程实施，践行立德树人理念。

（2）理解中华传统文明对世界文明的历史贡献和重要影响，领悟以道路选择、理论指引、制度建构来追求全方位发展与进步的国家层面"文明"。

（3）借助阅读的自我教育作用推动学生价值观的内化和自主构建，完善自我评价，走向精神自律，促进自我发展，达成心灵净化。

（4）探索课外读物的使用，推进价值阅读，引领师生将追求文明之光内化为自己的理想信念，促进书香校园建设和文明校园建设。

(二)课程内容

(1) 聚焦文明多样性。围绕物质文明、政治文明、精神文明、生态文明、制度文明等，推荐阅读小说、诗歌、戏剧、散文、科学、艺术等经典著作。

(2) 探究跨学科阅读。研究并实践语文、思想政治、历史、地理、英语、数学、化学、技术、体育等多学科融合阅读。

(3) 融合课内外阅读。用核心价值引领阅读教学，挖掘教材中的"文明"并拓展到课外，开阔阅读视野，引领学生走入社会，参加社会实践。

(4) 开展立体化活动。阅读社团及名师工作室组织形式多样的阅读活动，让阅读呈现有长度、有高度、有宽度的立体化，深化全民阅读。

(5) 形成学术性成果。落实"基于核心价值引领的经典阅读区域推进"和"基于教材和课外读物的阅读课程资源开发和利用"等课题研究，形成阶段性研究成果。

(三)课程实施

1. 实施时间

2022 年 11 月 21 日—12 月 31 日

2. 实施步骤

(1) 开幕式

时间：2022 年 11 月 21 日。地点：学校运动场。

(2) 主题阅读（如表 4-8）

表 4-8　合肥十中第 22 届读书节主题阅读表

序号	主题	时间	工作室
1	阅览室里的文明之"光"	11 月 21 日—30 日	王国文阅读教育工作室、图书馆
2	仰止于儒，俯布以俚——《乡土中国》专题阅读	11 月 21 日—12 月 15 日	刘峤峤语文名师工作室
3	悟先秦诸子之思，沐中华文明之光	11 月 28 日—12 月 19 日	黄善文语文名师工作室
4	感悟法治文明，弘扬科学精神——《西窗法雨》专题阅读	11 月 28 日—12 月 19 日	王锋政治名师工作室
5	怀温情与敬意寻文化之根——《中国文化史导论》专题阅读	12 月 1 日—20 日	潘庆梅历史名师工作室
6	探究城市文明变迁——《文明中的城市》专题阅读	12 月 1 日—20 日	年吕恩地理名师工作室
7	探寻人类文明发展中的化学内涵——《化学与人类文明》专题阅读	12 月 1 日—20 日	姚远化学名师工作室
8	技术改变世界，技术影响文明——《文明之光》专题阅读	12 月 1 日—20 日	赵言言技术名师工作室
9	感悟数学之美，探寻文明之源——读《美与数学》	12 月 5 日—25 日	李中祥数学名师工作室
10	探索宇宙真理，拨散文明迷雾——《数学与人类文明》专题阅读	12 月 5 日—25 日	柴丽妮数学名师工作室

(续表)

| 11 | 用英文讲好中华文明故事 | 12月5日—25日 | 魏苗英语名师工作室 |
| 12 | 探体育文明，明发展历程——读《体育文明探究》 | 12月5日—25日 | 江丽晨体育名师工作室 |

3. 阅读活动（如表4-9）

表4-9 合肥十中第22届读书节阅读活动表

序号	内容	时间	部门
1	阅读红色经典，致敬红色精神	12月5日—25日	葛伟伟名班主任工作室
2	"追寻墨香的纬度"读书沙龙	12月5日—19日	阅读社团：长路文学社（谷雯雯负责）
3	学术辩论中的"文明"演绎	12月5日—25日	阅读社团：耐思辩论社（周道尹负责）
4	诵经典弘传统文化，吟古今品中华文明	12月12日—23日	阅读社团：年轮朗诵社（李贝负责）
5	"新安艺术进校园"书画展	12月12日—23日	合肥市勤利书画博物馆图书馆
6	"追求文明之光"阅读创作比赛	12月12日—25日	政教处

4. 阅读研究（如表 4-10）

表 4-10 合肥十中第 22 届读书节阅读研究安排表

序号	活动内容	活动时间	责任部门
1	高中生社会主义核心价值观教育之"文明"问卷调查	11 月 21 日—30 日	合肥市基础教育研究院 2022 年研究项目组
2	社会主义核心价值观"文明"专题讲座	12 月 19 日—24 日	
3	核心价值引领的经典阅读教学观摩与研讨（多学科）	12 月 19 日—26 日	

（四）课程评价（如表 4-11）

表 4-11 合肥十中第 22 届读书节阅读课程评价表

序号	评价项目	活动时间	责任部门
1	"书香班级""读书人物"评选	12 月 10 日—25 日	教科所、政教处
2	读书征文评比（学生作文、教师论文）、最佳阅读活动方案评比	12 月 10 日—20 日	王国文阅读教育工作室
3	第 22 届读书节闭幕式	12 月 30 日	校长室、办公室
4	读书节成果汇编、方案	2023 年 1 月 10 日前	教科所、名师工作室

（本文在 2024 年"黄浦杯"长三角城市群"走向融合"征文市级评选活动中获评一等奖，原题为《阅读育人：多学科融合阅读活动课程》）

附　录

愿以萤火,以筑星河

——对话"合肥市阅读教育王国文工作室"领衔人

(《教育文汇》记者 丁素丽)

阅读是人类获取知识、启智增慧、培养道德的重要途径,可以让人得到思想启发,树立崇高理想,涵养浩然之气。学校阅读是全民阅读的重要组成部分,基于立德树人的根本任务,把培养阅读习惯、提升阅读内驱力、提高阅读能力作为教育教学的先导,让中小学生在需要阅读的年龄里得到充分阅读的浸润,不仅事关孩子成长,也关乎国家和民族的未来。

在合肥市,有这样一个名师工作室,有这样一群阅读人,多年深耕校园阅读,成为阅读推广颇有影响的有生力量。今天,本刊带大家一起走进它——"合肥市阅读教育王国文工作室",听听工作室领衔人王国文老师的肺腑之言。

《教育文汇》:王老师,您好!2020年"书香安徽"全民阅读系列推荐活动中,您的工作室获评"十佳阅读推广空间"。请问您组建工作室的初衷是什么?工作室的阅读空间是什么样的?

王国文:谢谢!合肥市名师工作室定位是"以名教师为核心的高层次骨干教师团队和专家型的研究群体",我们工作室是以"阅读"命名的项目类工作室。阅读是人民群众最基本的文化权利,是人们最为持久的文化需求，也是教育教学热点难点。全民阅读叠加课程改革，学校教育就要进行调整和创新，从而有利于学生阅读力的培养和提高。"新时代，新课程，新阅读"呼声已久，我们工作室要打造一个集读书、教学、推广于一体的阅读共同体，至少用三年时间倾心于下面工作：①研究学校新阅读，突破教育热点难点；②开展阅读行动，助力全民阅读；③培养阅读梯次人才，铸造阅读品牌。我们愿以萤火，以筑星河，用自己的行动让更多人认识到阅读的力量，看到阅读的效果。

工作室需要一个开展阅读、研究、活动、交流、展示的空间。合肥十中图书馆占地7.5亩（5000平方米），馆舍建筑面积15000平方米，是一个集文献借阅、信息咨询、学术研究等为一体的开放式图书馆，我们把阅读空间布置在这里：沿15米宽的室内木质阶梯拾级而上的"文化云梯"，直达三楼，有穿云之感；南侧栏杆的"徽道"展示安徽突出的文化事件；厚根基阅读区、长筋骨阅读区、促个性阅读区、阅读活动社团区、阅读休闲区等5个区域满足不同年级、不同阅读追求学生的需求。阅读空间还有名人柱、阅读浮雕墙、名家寄语、阅读书目……我们用阅读空间的布置来实现阅读理念"实体化"，让阅读看得见、留得住。《安徽画报》称之为"风景这边'读'好的校园阅读空间"。

《教育文汇》：你对阅读果然有独到见解。从阅读空间的格局可以想见，您对工作室的建设也一定作了有意义的探索，积累了丰富的经验。

王国文：我们工作室 2020 年 6 月由合肥市委人才办授牌成立，挂牌校是合肥十中，基地校是合肥一六八中学、合肥市东元家园小学，共建校有合肥五中、滨湖寿春中学，另有蚌埠二中、颍上二中、宣城十二中等辐射基地校。工作室对成员开放管理，先后遴选四批成员共 41 人。我们将工作室的整体发展规划为 4 个螺旋式梯型阶段：王国文工作室、我们的工作室、"我"的工作室、阅读教育工作室。

1. 王国文工作室（2020 年 6 月—2020 年 12 月）

名师工作室不仅要培养成员，领衔人也应得到提升。领衔人在团队建设之初，先亮出自己的发展规划，并且事事做在前面，身体力行，用行动诠释自己的阅读主张和研究理念，为工作室定调，发挥示范引领作用。工作室成员有机会全方位研究领衔人，在观察、交流、反思中明确自身的专业发展方向，并跟上节奏。这就是"王国文工作室"阶段。

这半年里，我提出"三维度六课型九课时"整本书阅读主张，撰写论文 3 篇，其中一篇被人大复印报刊资料全文转载，主持研究省级课题"基于学习任务群的整本书阅读实践研究"；工作室承办"合肥市高中语文整本书阅读教学研讨会"，编著新教材配套用书《高中语文读本（必修上册）》出版……

2. 我们的工作室（2021 年 1 月—2021 年 10 月）

领衔人奋斗在前，成员不甘落后，团队互助合作，思想碰撞交融，不知不觉就进入了"我们的工作室"阶段，"阅读即学习、阅读是课题、阅读要推广、阅读有成果"的研修理念也逐步成为共识。工作室的成员在团队中找到自己的位置，有具体的研究项目，心中有方向、身上有干劲，充满信心地寻找专业发展新的增长点，实现自我超越。这个阶段工作室的研修活动精彩纷呈：观摩研讨基础教育精品课，创建阅读社团，组织阅读活动，开发阅读课程，参加教学和阅读比赛，参与全民阅读活动等等。省级课题"基于学习任务群的整本书阅读实践研究"顺利结题，并获优秀等级；整本书阅读研究成果《一起读"红楼"》《透视"乡土"》也出版发行……

3. "我"的工作室（2021年11月—2022年10月）

名师工作室成员存在个人发展的多样性和差异性，随着团队建设的推进，成员自身优势和发展方向逐步明确，工作室顺势而为强化成员的主人翁意识：工作室需要"我"来建设，"我"要在工作室成就自我——这就是"'我'的工作室"阶段。这个阶段，挂牌校、基地校、共建校合肥五中、滨湖以及辐射基地校，校校都有省市级阅读研究课题，每个成员都主持或参与课题研究。工作室以 13 课题为抓手，从不同角度实现阅读教育的研究及实践广度和深度的突破。

这个阶段，合肥十中"语文课进阅览室"被评为全国书香校园建设标杆案例，蚌埠二中被评为安徽省"十佳书香校园"，众多成员在教学比赛中崭露头角……全民阅读背景下的学校新阅读课程化体系也逐渐明晰。

《教育文汇》：工作室建设果然卓有成效。名师工作室要肩负"培养高端教育人才，打造梯次人才队伍"的使命，请介绍下工作室的教师成长情况。

王国文：我给您介绍几组数据：

近三年来，工作室有 3 人荣获全国高中语文教师基本功大赛一等奖，1 人获基础教育教学成果奖省级一等奖，3 人在"基础教育精品课"活动中获省级精品课。70 多人次在各级各类的教学比赛中获市级二等奖以上。

这三年里，工作室有 1 人被评为合肥市教育名师工作室领衔人，3 人被评为县级或省示范高中校级名师工作室领衔人；3 人被评为市学科带头人，8 人被评为市级骨干教师；60 多人次受邀在市级以上教学研究活动中作专题报告或执教观摩示范课。

工作室还有 2 人担任省示范高中的语文学科主任，多人走上学校管理岗位。

"阅读为成长赋能"不是一句空话，工作室践行阅读育人：成就学生，也培养老师。老师的成长本身就在彰显阅读的力量和阅读的效果。

《教育文汇》：2023 年 4 月 7 日在合肥举办了首届长三角中小学阅读教育高峰论坛，论坛现场举办了"江淮阅读名师共同体"揭牌暨首批共同体智库特聘专家聘任仪式。10 位特聘专家中您的工作室成员就占了两席，工作室前期成绩斐然、成效显著。您对工作室后期发展有什么规划和打算？

王国文：有理想有情怀的人应该一直这么做。第四阶段"阅读教育工作室（2022 年 11 月之后）"就是我们的后期规划。随着工作室建设的推进，我们将逐步突破区域限制，也淡化领衔人，化平台为品牌，铸造阅读教育品牌，推动阅读教育资源的流动和基础教育的均衡发展，并且不设截止时间。"阅读教育工作室"阶段的近期工作有：

（1）在工作室前期探索整本书阅读必修课程的基础上，着力开发整本书阅读校本选修课程：与安徽教育出版社合作开发的"读懂《乡土中国》整本书阅读校本课程"已基本完成；"异域生活，多样文化——《堂吉诃德》整本书阅读校本课程"正在开发中。我们还计划开发阅读学通识课程"阅读的前世今生——《阅读的历史》校本课程"，这个课程不仅面向高中生，所有热爱阅读的社会人士都可以选修。

（2）研究"义务教育语文课程标准"。从整本书阅读切入，推动小学、初中校园阅读。计划于2025年左右提出合理的初中整本书阅读主张并展示探索成果，助推义务教育新课程改革。

（3）我们的工作室被全国名师工作室联盟评为2022年度"先进名师工作室"，后期的工作重点是经验总结、成果提炼，论证并完善"新时代学校新阅读课程化体系"，形成不同维度的阅读教育实际操作方案，进一步做好辐射引领工作。

《教育文汇》：您的工作室辐射引领工作已经做得很好了。我在拜访您之前了解到，不少学校和老师都已经受到工作室研究成果的影响。不少阅读工作做得好的老师，也坦言受到过您的影响和启发。

王国文：这么说，我就惭愧了。名师工作室的价值不仅成长自己，更要成就学生，成就学校，辐射周边。我们工作室的辐射引领主要体现在4个方面：

（1）工作室是合肥市委人才办审批的，属于高中学段，但很快就辐射到蚌埠、颍上、宣城等市县，也辐射到了初中（宣城十二中）和小学（合肥东元家园小学），"小初高阅读一体化共同体"已初步形成。

（2）工作室主办或承办或参与研讨活动等，广泛辐射研究成果。仅我应邀在全国各地作阅读专题报告就有30多场，现场听众累计超过万人，线上受众累计超过十万人次。

（3）"王国文阅读工作室"微信公众号已有2300多人关注，推发150多篇文章，阅读量超过15万；工作室还接受参考考察，组建阅读微信群、QQ群，依靠名师工作室网页等与外界广泛交流，产生积极的影响。

（4）工作室用出版阅读著述（5部）、发表阅读论文（20多篇）等形式实现成果和效应的辐射。《中国教育报》《安徽画报》《语文报》《安徽日报》《学语文》《合肥晚报》、安徽电视台、中国教育新闻网、"学习强国"平台、安徽网、安青网等数十家媒体持续宣传报道，也产生了广泛的影响，帮助发挥辐射引领作用。

《教育文汇》：三年转眼就要过去了。访谈的最后，请您对名师工作室领衔人和成员说句寄语。

王国文：要向上生长，更要向下扎根，踏踏实实做事是关键。

短期思维要不得，名师工作室是起点，有些事可以做一辈子。

2022年《政府工作报告》中对全民阅读的要求已由"提倡"升级为"深入推进"。2023年教育部联合八部门印发了《全国青少年学生读书行动实施方案》，进一步推进青少年阅读开展，促进全面提升育人水平。"合肥市阅读教育王国文工作室"已经不是"萤火"，我看到了"一道光"，温暖而有力量，期待"阅读教育工作室"围绕新时代、新课程、新阅读，为青少年阅读乃至全民阅读的"深入推进"作出更大的贡献。

（本文刊发于2023年第4期《教育文汇》）

做阅读·育人才·有影响
——"合肥市阅读教育王国文工作室"经验交流

"合肥市阅读教育王国文工作室"是项目类教育名师工作室，任期为2020年6月至2023年11月。工作室挂牌校是合肥十中，基地校有合肥五中、合肥市东元家园小学，共建校有合肥一六八中学、合肥滨湖寿春中学；工作室成员来自合肥一中、二中、五中、七中、十中、一六八中学、寿春中学等10多所学校，核心成员17人。

按"领衔人示范→团队协作→成员担当→项目聚焦"的建设思路，工作室的三年发展分"王国文工作室（2020年6月—2021年3月）""我们的工作室（2021年4月—2022年3月）""'我'的工作室（2022年4月—2023年3月）""阅读教育工作室（2023年4月至今）"四个阶段。工作室先后获评"十佳阅读推广空间"（2020年度）、"全国先进名师工作室"（2022年度）、"全国十佳名师工作室"（2023年度）。2023年第4期《教育文汇》以《愿以萤火，以筑星河——对话"合肥市阅读教育王国文工作室"领衔人》为题推出专访文章。

一、做好阅读项目

工作室秉持阅读育人的理念，以教育部《关于加强和改进新时代基础教育教研工作的意见》(2019年11月颁布)、中宣部《关于促进全民阅读工作的意见》(2020年10月颁布)为政策支撑,以课程改革的热点难点"整本书阅读"为抓手,按"读书学习——研究实践——交流展示——辐射推广"的基本模式,开展阅读行动,铸造阅读品牌,助力全民阅读。

1. 项目驱动

阅读教育中,课堂、课程、课题都是研究实践的项目。以课题为例,三年里领衔人和成员主持省、市级教育科学研究项目8项(其中省级课题3项),深入研究阅读教育,深层次推进课程改革。其中,在2019年8月立项的省级课题"基于学习任务群的整本书阅读实践研究"的项目研究中,课题主持人也是工作室领衔人王国文事事做在前面,身体力行,用行动诠释自己的阅读主张和研究理念,为工作室定调,并发挥示范引领作用。成员有机会全方位研究领衔人,在观察、交流、反思中明确自身的专业发展方向,并跟上节奏。这就是"王国文工作室"发展阶段。该课题于2021年10月结题,鉴定等级为"优秀",于2022年7月获评合肥市第六届教育科研成果一等奖。在此期间,《一起读"红楼"》(延边教育出版社2021年3月)、《透视"乡土"》(延边教育出版社2021年5月)等著述相继出版、刊发。

领衔人奋斗在前,成员不甘落后,团队互助合作,思想碰撞交融,在"基于学习任务群的整本书阅读实践研究"省级课题中,不知不觉就进入了"我们的工作室"发展阶段。工作室的成员逐渐在团队中找到自己的位置,有具体的研究项目,心中有方向、身上有干劲,充满信心地寻找专业发展新的增长点,实现自我超越。于是，接下来诸多课题的研究，更多彰显着工作室成员担当、使命和成长（详见附表）。

附表 "合肥市阅读教育王国文工作室"成员主持的部分课题

序号	课题名称	研究时间	组织单位	研究单位	主持人	鉴定等级
1	基于学习任务群的整本书阅读实践研究	2021年10月结题	安徽省教育科学研究院	合肥十中	王国文	优秀
2	高中语文"教学评"一致性的实践研究	2022年7月立项	安徽省教育科学研究院	合肥一六八中学	饶晔	（在研）
3	信息化环境下指向教考衔接的高中语文单元教学策略研究	2023年11月立项	安徽省教育科学研究院	合肥一中北城分校	王琳玲	（在研）
4	基于教材和课外读物的阅读课程资源开发和利用研究	2024年8月结题	合肥基础教育研究院	合肥十中	王国文 郝汪霞	良好
5	智慧课堂模式下的高中生写作思维品质养成行动研究	2021年9月结题	合肥市教育科学研究院	合肥一六八中学	饶晔	合格
6	课程标准视角下的戏剧类整本书阅读实践研究	2023年8月结题	合肥市教育科学规划领导小组	合肥十中	刘峤峤 陈超男	优秀

(续表)

7	开发整本书阅读校本选修课程的实践研究	2024年8月结题	合肥市教育科学规划领导小组	合肥十中	丁聪 何宏林	优秀
8	新课程视角下跨媒介阅读在语文教学中的实践研究	2023年8月结题	合肥市教育科学规划领导小组	合肥滨湖寿春中学	刘扬	良好
9	学校党建工作与团学工作有效融合的内容探究	2023年8月结题	合肥市教育科学规划领导小组	合肥二中	胡毅林	合格

2. 研讨交流

尽管受到诸多因素限制，工作室依然组织形式不同、规模不等的研讨交流活动，将研究、实践、交流融为一体，促进阅读项目研究不断深入。仅开展的区域研讨就有：承办合肥市教育科学研究院"合肥市高中语文整本书阅读教学研讨会"（2020年9月15日），主办"高中阅读课程开发"研讨活动（2020年10月21日）；承办长丰县教育体育局"长丰县高中语文新教材教学研讨活动"（2021年3月26日）；协办2021年安徽省青少年红色经典阅读活动之"名师伴你读红楼"公益讲座（2021年9月25日）；与安徽省青少年阅读联盟联合主办"安徽省基础教育阅读活动研讨会"（2021年12月7日）；承办合肥市教育科学研究院"合肥市高中语文'教学评一致性'主题研讨活动"（2023年4月26日），等等。

2023年10月16日至17日，工作室成功举办安徽省第七届校园读书创作活动组织委员会"烛光计划"皖北行的师生阅读分享会。

3. 建构阅读体系

阅读是一种最为基础的教学手段，也是学生自主学习的一种重要方式。为把阅读教育贯穿于教育教学的全过程，阅读工作室探索建构了"厚根基·长筋骨·促个性：基于变革育人方式的阅读体系"。

（1）"厚根基"阅读：在广泛自由阅读的基础上，引导学生明确阅读方向、落实阅读行动，逐步走向"自觉阅读"，为终身发展"厚根基"。

（2）"长筋骨"阅读：以整本书阅读为抓手的深度阅读，转变学生的学生方式。

（3）"促个性"阅读：着眼于学生的兴趣潜能和学习差异性，开发整本书阅读校本课程和多学科融合阅读活动课程，为学生提供学习选择空间，促进学生个性发展。

三年来，阅读工作室在《中国教育报》《语文教学通讯（高中版）》等报刊发表论文22篇，多篇论文被人大复印报刊资料全文转载、《中国基础教育》"好文共享"收录或《人民教育》摘引；教学成果或论文获奖18项。

二、培育教育人才

阅读工作室着力打造"以名教师为核心的高层次骨干教师研究群体"，培养阅读教育梯次人才。通过课题等项目的申报、培训、指导等，引领工作室成员做有价值、有意义的探索，真正解决教育教学中的实际问题，也促进自身的专业发展。特别是在"'我'的工作室"发展阶段,随着团队建设的推进,成员自身优势和发展方向逐步明确,工作室根据成员个人发展的多样性和差异性,顺势而为,强化成员"工作室需要我来建设,我要在工作室成就自己"的主人翁意识……三年来,所有成员均得到不同程度的成长。

孵化新的名师工作室主持人4名:1人获评2022年合肥市名师工作室领衔人(胡毅林),1人获评长丰县名师工作室主持人(王琳玲),2人获评学校名师工作室主持人(饶晔、刘峤峤)。

工作室成员有1人获评安徽省第四届教坛新星(黄善文);在2022年合肥市第五批中小学骨干教师和学科带头人评选中,获评学科带头人3人(方芳、胡毅林、饶晔)、骨干教师6人(刘峤峤、黄艳艳、刘扬、陈超男、丁聪、丁巳莉)。

2022年,黄艳艳受聘合肥一六八中学语文学科主任、朱珮珮受聘合肥十中语文学科主任;2023年,刘峤峤受聘合肥十中语文学科副主任。另有3人担任副校长。

三年来,工作室成员获综合表彰34人次,其中安徽省教坛新星、安徽省十佳校园阅读推广人等省级表彰4人次,庐州最美教师、合肥市学科带头人等市级表彰14人次;专项表彰41人次,其中全国语文教师基本功大赛一等奖、基础教育精品课"省级优课"等省级以上表彰13人次,合肥市基础教育教学成果奖一等奖、合肥市高中语文基本功大赛一等奖等市级奖励25人次。

三、扩大辐射影响

经过三年建设,阅读工作室已成为以合肥为基地辐射安徽全省,以高中为主辐射小学、初中的基础教育阅读共同体。

（1）蚌埠二中、颍上二中、宣城十二中、宣城市宣州区高桥初中、宁国市宁阳学校、宿州市桃源镇明德小学等校的十多名老师加入工作室。

（2）领衔人王国文参加安徽省第六届、第七届校园读书创作活动"烛光计划"，走进六安市叶集区、亳州市涡阳县与蒙城县、阜阳市颍上县等地，助力当地学校育人体系建设；领衔人受邀在南昌、北京等地开展阅读成果推广10多场，到六安、滁州、阜阳、宿州等市及其下辖县、区培训阅读教师数千人，在合肥市10多所学校作阅读专题讲座。

（3）成员受邀作讲座或上示范课30场次，现场听众超过万人。

（4）在《作文素材》等杂志开设多个阅读专栏，学生阅读量超过百万人次。

《中国教育报》《安徽画报》《安徽日报》《语文报》《学语文》，安徽广播电视台、中国教育新闻网、"学习强国"平台等数十家媒体关注并宣传报道阅读工作室。

四、散是满天星

聚是一团火，散是满天星。阅读工作室第四个发展阶段"阅读教育工作室"定位是：淡化领衔人作用，聚焦阅读项目，不受地域、时间限制，化平台为品牌，铸造阅读教育品牌，推动阅读教育资源的流动和基础教育的均衡发展。因此，2023年11月阅读工作室任期考核结束后，阅读教育行动推进的步伐更大了。

1. 挂牌校和共建校

（1）2024年3月，教学成果"厚根基·长筋骨·促个性：基于变革育人方式的阅读体系的建构与实施"入选安徽省基础教育优秀教学成果培育项目（项目编号 CG39）；

（2）2024 年 4 月，挂牌校合肥十中和共建校合肥一六八中学联合牵头发起成立"书香安徽教育阅读联盟"；

（3）2024 年 4 月，在安徽省第七届校园读书活动中，合肥一六八中学获评"书香校园"、"融通阅读"项目获"优秀阅读推广项目"；

（4）2024 年 5 月，合肥十中被确定为"安徽省历史学科整本书阅读与师生史学阅读素养能力提升实践研究"教研基地校；

（5）2024 年 8 月，合肥十中阅读教育被认定为"合肥市 2024 年普通高中阅读特色项目"。

2. 阅读项目和成果

（1）课题结题 2 项：①市级课题"基于课程教材和课外读物的阅读课程资源开发和利用研究"（主持人：合肥十中王国文、郝汪霞）2024 年 8 月结题，鉴定等级为"良好"；②市级课题"开发整本书阅读校本选修课程的实践研究"（主持人：合肥十中丁聪、何宏林）2024 年 9 月结题，鉴定等级为"优秀"。

（2）课题立项 4 项：①省级课题"信息化背景下指向教考衔接的高中语文单元教学策略的研究"（主持人：合肥一中北城分校王琳玲等）2024 年 1 月立项；②市级课题"数字化背景下高中语文'思辨性阅读与表达'教学实践研究"（主持人：合肥大志高级中学邵冬贤等）、"依托绘本提升小学低段学生阅读能力的实践研究"（主持人：合肥市兴华苑小学相山路校区丁巳莉、合肥市东元家园小学高美丽）、"衔接理念下的高中文集类整本书阅读实践与评价研究"（主持人：合肥十中刘峤峤、刘晴晴）等 2024 年 6 月立项。

（3）省级以上获奖3人：领衔人王国文获评"《中国教育报》2023年度推动读书十大人物"、合肥一中刘畅获"语文报杯"全国微课大赛一等奖、合肥十中朱珮珮荣获安徽省高中语文优质课评比一等奖。

（4）合肥市教育教学论文等评比一等奖5人（合肥一中刘畅，合肥十中朱珮珮、刘峤峤、郝汪霞，合肥一中北城分校王琳玲）；《中国教育报》《语文教学通讯（A版）》等报刊发表论文4篇（合肥十中王国文、朱珮珮，合肥二中胡毅林等）。

（5）开设阅读专栏3个：《乡土中国》专栏（《作文素材·品读经典高中版》2024年第1期至第4期）、名师公开课·共读"红楼"专栏（《作文素材·高中版上半月》2024年第9期起）、共读《杜甫传》专栏（《十几岁·高中生阅读与写作》2024年第9期起）。

一个人可以是一支队伍：影响一批人，召唤一批人，凝聚一批人……一起成长，共同奔赴。从个体优秀到团队卓越，这是"合肥市阅读教育王国文工作室"建设的三年历程。

［2024年合肥市（教育）名师工作室授牌仪式暨（教育）名师工作室建设推进会交流材料］

在书香中找寻诗与远方
——合肥教师王国文深耕校园阅读 23 载

(《合肥晚报》全媒体记者 杨兵)

2003年,校园阅读推广经验被《中国教育报》宣传报道;2013年,阅读推广成果获评全国优秀教学改革成果二等奖;2016年,创建"合肥十中阅读工作室";2019年,获评"阅读改变中国"年度点灯人;2020年,成立"合肥市阅读教育王国文工作室";2022年,获评安徽省"十佳校园阅读推广人";2023年,整本书阅读主张被《人民教育》摘引……他就是深耕校园阅读23年,2024年1月10日荣登《中国教育报》2023年度推动读书十大人物榜单的合肥市第十中学教师王国文。

阅读有方向:在学生心中播下爱读书的种子

"因为学生喜欢,我每周抽一节语文课,让学生走出教室,走进阅览室,自主阅读心仪的图书杂志,摸索'语文课进阅览室'。"王国文回忆,2001年国家启动基础教育课程改革,当年颁布的语文课程标准规定"课外阅读总量不少于400万字"。有着多年教学经验和浓郁阅读情怀的他深刻地认识到:教育教学的许多问题都与学生阅读兴趣缺乏、习惯养成滞后、阅读量不够等有密切关联。这一年,王国文申报相关市级教研课题,在课题实验班每周开设一节"阅读课",开创"语文课进阅览室"。

2007年，王国文领衔申报省级课题"以阅览室为平台，转变高中生语文学习方式的研究"，开启了推进校园阅读、建设书香校园的新进程。

带动一群人：让更多优秀教师践行全民阅读

王国文坚持校园阅读研究和推广23年，不仅在学生心中播下读书的种子，也启迪和培养了一批阅读推广老师。王国文于2016年9月创建了阅读共同体——"合肥十中阅读工作室"，协调学校资源，系统规划"书香校园"建设。

"有方向，一群人，往前走"。2020年6月，经合肥市委组织部审批，"合肥市阅读教育王国文工作室"成立，阅读工作室成为推动读书的重要有生力量，引领了一批有阅读情怀的优秀教师践行全民阅读理念。来自合肥一中等十多所学校的近50名成员在这个集读书、教学、推广于一体的阅读共同体里，研究学校新阅读，突破教育热点难点；开展阅读行动，助力全民阅读。

近年来，王老师经常受邀到全国各地推广阅读经验，仅安徽省内就在合肥市、六安市等市县对数千名教师进行过阅读培训。

持续往前走：让阅读成为诗意栖居的一种召唤

王国文认识到，全民阅读背景下的学校新阅读应契合学校学习环境、基于课堂学习方式进行拓展延伸，自然地渗透到学校的育人管理体系中。2019年，王国文申报了安徽省教育研究项目"基于学习任务群的整本书阅读实践研究"。2021年，该课题以"优秀"等级结项，并获评合肥市第六届优秀教育科研成果一等奖；出版阅读专著《透视"乡土"》和《一起读"红楼"》。2023 年，基于"整本书阅读教学评一致性"剖析中高考命题的论文《"三条线"彰显"整本书阅读"亮色》《整本书阅读贵在"整"和"读"》先后在《中国教育报》发表。

近年来，王国文受邀在县级以上教育局或全民阅读相关单位组织的阅读研讨活动中作阅读讲座 30 多场次，现场听众数万人，线上受众数十万人次。2023 年，王国文受邀参加安徽省第六届、第七届校园读书创作活动"烛光计划"，走进叶集、涡阳、蒙城、颍上等地，激励并指导当地学生爱读书、读好书、善读书，为助推全民阅读注入动力，为建设"书香校园"贡献力量。

如今，"合肥市阅读教育王国文工作室"任期考核已结束，在"书香安徽全民阅读组委会"的指导下，王国文和合肥一六八中学党委书记吴菊文等发起成立了"书香安徽教育阅读联盟"。

王国文表示，"教育阅读联盟"将充分挖掘阅读资源，与社会上的阅读研究与推广组织进行广泛联系、深度合作，将校园阅读融入全民阅读，让阅读成为老师和学生的生活方式和生活态度，让阅读成为诗意栖居的一种召唤、人生幸福的一种见证。

(本文刊发于 2024 年 4 月 27 日《合肥晚报》"合肥教育人物·身边故事系列报道")

后　记

我是个格局不大的人。我的青少年在缺书的时代度过,对于偏僻山村的孩子,其实是"无书"。有幸上学,可供读的也是教材。20世纪80年代,我读中师是没有专业方向的,语文、数学、音乐、体育、美术都要专修。中师毕业,我回到缺书的山村当小学教师,读教材,读教师的教学参考书,再读些容易弄到的文学作品……阅读让我渐渐有了专业方向——语文学科老师。

这种经历,让我对教材有割不断的特殊感情。直到今天,我虽然对阅读推广有了较深感悟,仍心存疑虑:分析研究阅读的人,为什么开口闭口总是将教材排除在外?老师解读课文,不就是为了引导学生更好地阅读教材吗?难道教材不是给学生阅读的?

20世纪末,一本《中国语文教育忧思录》助推了对语文教学的反思,准确说是批判。让我印象深刻的是,教师的教学参考书也没能逃过"一劫"——自那时起,教学参考书的使用一直受质疑,致使在很长时间里,教师都羞于谈教学参考书——按教学参考书照本宣科,确实不值得提倡。但研究教学参考书,不是提升教学素养的专业阅读吗?我格局不大,只能靠读教材,从农村走出来;也是靠读教学参考书,教小学,教初中,一直教到高中。

阅读是一种学习方式,怎能把阅读和学习硬生生割裂开?当下的课程改革重视学习方式的变革,自主阅读是值得倡导的学习方式。通过阅读来学习，是有助于提高育人质量的。基于此，我20多年来坚持推广阅读，始终关乎教材、教学、课堂、课程。

周国平说"写作不是为了改变世界，是为了安顿自己"，于我而言，是阅读"安顿"了我。阅读能不能"改变世界"暂不讨论，但阅读绝不仅仅是为了"安顿自己"。我是个幸运者，在阅读路上总有人给我指引方向，让我日益深入地理解阅读。

2001年，我们研究语文开放性学习环境的课题，因为学生喜欢，把语文课搬动到了阅览室。没有想到，安徽省教育宣传中心副主任俞路石亲自撰写的《"魔力"是这样产生的——合肥十中"语文课进阅览室"实验记事》一稿，在2003年6月14日《中国教育报》上刊载。我们受到极大鼓励，深刻地认识到阅读的价值，明确了阅读行动的方向。就这样，沿着这条路我一口气走了23年。

也就在我们阅读刚起步的2001年，当时的安徽省教育科学研究所中学语文教研员杨桦老师开始关注、指导、支持我们。20多年如一日，杨桦老师一路引领，我们的阅读行动从语文教学到校园文化建设，从单科阅读到多学科融合阅读，从学校阅读到区域阅读……有了阅读引路人，我们的阅读行动始终与全民阅读同向同行、和课程改革同向同行。

中国教育学会中学语文教学专业委员会两任理事长顾之川老师和王本华老师，分别于2017年12月、2019年4月亲临合肥十中，手把手指导我们将阅读向纵深推进；余党绪、张玉新、胡家曙、胡成方等著名专家，与我们频繁互动，深入指导我们的整本书阅读探索和阅读工作室建设；安徽省教育宣传中心王轶群主任，安徽省教育科学研究院中学语文教研员俞璐老师，合肥市教育科学研究院叶传平院长、鲁先法副院长、吴申道老师、刘劲凤老师等领导和专家,始终把指导我们深入开展阅读活动当作自己分内的工作……

于是,就有了您手上的这本《因为阅读》。如上所言,这本小册子融入了很多人的心血和智慧。但本人能力有限,言不达意,有所辜负。期待批评指正、指导鞭策。